Saku Ilvonen
s. 5.9.1979 Vantaalla

Intohimona Istumalentopallo on minun esikoistyöni. Harrastan monipuolisesti eri pallopelejä ja tärkeimmät urheiluseurat elämäni varrella ovat olleet Hakunilan Kisa pesäpallossa, Ruskeasannan Tykitys -88 jalkapallossa sekä Vantaan Lentopallo lentopallossa ja istumalentopallossa.

Saku Ilvonen
Intohimona Istumalentopallo
Books on Demand GmbH, Helsinki, Suomi.

Intohimona Istumalentopallo
©2009 Saku Ilvonen
Valmistaja: Books on Demand GmbH, Norderstedt, Saksa
Kustantaja: Books on Demand GmbH, Helsinki, Suomi.
ISBN 978-952-49814-2-2

Sisällysluettelo:

Haluan kiittää Suomen Invalidien Urheiluliittoa (SIU), joka toimi kirjani rahoittajana. Kyseinen liitto yhtyy ajatuksiini istumalentopallon kiehtovuudesta. Muissa käsittelemissäni aiheissa meillä varmasti löytyy näkemyseroja.

Intohimona Istumalentopallo on omistettu istumalentopallotuomareille, joita tässäkin kirjassa ihan suotta kiusataan.

Kirjan lukemisesta

M iten kirjaa lukiessa pääsee parhaaseen tunnelmaan?
Joku ehkä rojahtaa sängyn pohjalle, ottaa kirjan
käteensä ja lukee sitä, kunnes nukahtaa. Toinen
saattaa istuutua mukavasti nojatuoliin, siemailla hieman viiniä ja
antaa mielikuvituksen lentää, kun taustalla soi hiljalleen Bachin
klassista musiikkia.

Edellä mainitut keinot ovat varmasti ihan hyviä lukutunnelman
kohottajia joidenkin kirjojen kohdalla, mutta ei tämän. Ajattelin
siis antaa muutaman hyvän vinkin, miten voit päästä parhaa-
seen tunnelmaan nauttiaksesi Intohimona Istumalentopallo-
kirjasta. Se tapahtuu luomalla mahdollisimman paljon istuma-
lentopallo-ottelua muistuttavat olosuhteet seuraavin keinoin:

1. Siirrä huonekaluja olohuoneessa niin, että
    huoneen keskelle jää mahdollisimman iso
    tyhjä tila.

2. Rullaa matot pois tieltä. Paljas parkettilattia
    on paras alusta, mutta mikäli sinulla ei sel-
    laista ole, niin sellaista ei ehkä tämän kirjan
    takia kannata laitattaa. Jos kuitenkin sen
    päätät tehdä, niin siitä kannattaa ensin kes-
    kustella perhepiirissä. Muuten voi olla, että
    joudut lukemaan tämän kirjan ulkotiloissa,
    ja se ei ole lukutunnelman kannalta paras
    paikka.

3. Nyt sinulla on siis edessäsi tyhjä olohuo-
    neen lattia. Käy nyt vetämässä verkkarit ja
    joku pelipaita päälle. Jos haluat viedä tämän
    homman astetta pidemmälle, niin pistä kirja
    syrjään ja lähde lenkille. Kun palaat kotiin,
    niin laita hikiset vaatteesi muovikassiin, ja

sulje se vaatekomeroon viikoksi. Viikon päästä tähän samaan aikaan avaa muovikassi, ja vedä nuo vaatteet päällesi ja olet lähes valmis aloittamaan tästä kirjasta nauttimisen.

4. Jotain siis vielä puuttuu. Asusteesi täydentää kulahtaneet sisäpelikengät. Myös ulkona käytettävät lenkkarit sopisivat tarkoitukseen, mutta niissä piilee pieni vaara. Niistä voi jäädä lattiaan ikäviä jälkiä, joka johtaa siihen, että saatat taas joutua ulkoruokintaan, joka taas johtaa siihen, että lukutunnelma on pilalla. Siitä syystä vedä siis sisäpelikengät jalkaan.

5. Istahda nyt paljaalle lattialle hikiset urheiluvarusteet päälläsi. Miltä tuntuu? Aivan. Juuri siltä sen pitääkin tuntua. Nyt olet valmis etenemään kirjassa.

6. Jotta pääsisit vielä lähemmäs sitä tunnetta, millaista on olla istumalentopalloilija, voit turvautua seuraavaan niksiin. Aina sivun luettuasi pistä kirja hieman syrjään, ja takapuoli maassa, käsiä ja jalkoja apuna käyttäen, liiku muutama kerta olohuoneesi päästä päähän mahdollisimman nopeasti.

7. Viimeinen silaus lukunautinnollesi onkin sitten hieman haastavampi, koska siihen tarvitset toisen henkilön apua. Tämän henkilön tulee puhaltaa pilliin korvasi juuressa aina silloin, kun näytät olevasi kaikkein syventyneimmilläsi kirjan lukuun, ja näin häiritä tekemisiäsi.

Tällöin sinä tiuskaiset hänelle: "Mitä sä siinä puhaltelet? Meinasi kuulo mennä!" ja hän vastaa: "Se oli käsittelyvirhe. Piste vastustajalle.", johon sinä: "Mitä sä oikein horiset, mähän yritän vain lukea kirjaa.", ja saat vastauksen: "Täällä määrään minä. Se oli käsittelyvirhe. Piste vastustajalle." Tällaista keskustelua voidaan jatkaa loputtomiin, ja aiheetkin voivat vaihdella istumalentopallosäännöistä aina tiskivuoroihin asti.

Näillä keinoilla saat siis eläydyttyä istumalentopalloilijan maailmaan, ja lukuelämyksestäsi tulee täydellinen. Erityisesti kannattaa satsata kohtaan 7, sillä silloin tämä lukunautinto ei ole ainoastaan sinun nautintosi, vaan lukuelämyksesi välittyy koko perheellesi. En usko, että monen muun aikuisille suunnatun kirjan tarkoituksena on olla koko perhettä yhdistävä tekijä. Tämän kirjan lukeminen on, ihan objektiivisesti näin kirjailijan näkökulmasta sanottuna, laatuaikaa. Voitte kiittää minua siitä myöhemmin.

Mikä ihmeen istumalentopallo

Nyt kun olet saanut otettua sopivan asennon, voidaan aloittaa. Pystyäksesi ymmärtämään mistä tässä kirjassa puhutaan, on tärkeää että tiedät mitä istumalentopallo on. Tässä vaiheessa kerron lajista vain sen verran, että kirjan lukeminen helpottuu. Mikäli ymmärrät jotain pystylentopallosta, niin seuraava osio riittänee sinulle, mutta jos lentopallosta et mitään tiedä, niin sitten kannattaa tässä vaiheessa lukea kirjan lopusta osio, johon on kerätty tietoa istumalentopallosta ja sen säännöistä. Päästäksesi suoraan kohtaan **Faktoja istumalentopallosta**, paina _tästä_.

No? Painoitko? Jos painoit, niin sitten on ehkä aika harkita internetissä surfaamisen vähentämistä. Tuo on jo aika huolestuttavaa. Tämä on siis kirja ja tätä selataan kääntämällä sivuja. Keskityhän nyt vähän. **Faktoja istumalentopallosta** osio alkaa sivulta 107, ja siirry siis sinne, mikäli laji on sinulle ennestään aika tuntematon. Muutoin voit jatkaa lukemista.

Kuten lajin nimestä voi päätellä, istumalentopallo on kehitetty lentopallosta, ja sitä pelataan istuen. Laji on tarkoitettu erityisesti niille, joille perinteisen lentopallon pelaaminen on mahdotonta. Onneksi Suomessa myös me, jotka pystymme pelaamaan pystylentopalloa, saamme pelata myös istumalentopalloa, eli ististä tai sittistä.

Istumalentopallon pelaaminen tavallisella lentopallokentällä on aika hankalaa, joten jotain täytyi tehdä. Lentopalloverkko on aivan liian korkealla tämän lajin harrastamiseen. Tämän ongelman pystyi ratkaisemaan kahdella tavalla. Joko verkkoa laskettaisiin tai sitten takapuolen alle laitettaisiin tarpeeksi monta puhelinluetteloa, jotta verkko ei enää tuntuisi niin korkealta. Jostain syystä tässä päädyttiin verkon laskemiseen. Itse olisin ollut tämän puhelinluetteloiden takapuolen alle kasaamisen kannalla. Fonecta ja Eniro olisivat varmasti lähteneet sponsoroimaan lajia, ja siinä olisi nykyistä enemmän, jos ei vauhtia, niin ainakin vaarallisia tilanteita. Vai mitä sanoisitte siitä, kun pelaajan puhelinluettelokasa alkaa kaatua, ja hän vie mukanaan muutkin pelaajat, jotka kaatuvat rivissä dominonappuloiden tapaan. Sitä kutsutaan viihteeksi.

Tuli tässä ohimennen mieleen, että onneksi tätä kirjaa ei kirjoitettu joitain vuosikymmeniä sitten. Olisi kirja nimittäin voinut joutua sensuroitujen kirjojen joukkoon. Sen verran monta kertaa tässä kirjassa tullaan mainitsemaan sana takapuoli. Nykyään onneksi kirjoihin saa kirjoittaa mitä vain ja näin tämä minunkin teokseni on turvassa. Takapuoli, takapuoli, takapuoli hahhahhahhaaa.

Kyllä tuo takapuoliasia pitää ottaa tosissaan. Siitä täytyy pitää hyvää huolta, sillä jos takapuoli on kipeä, niin silloin ei istuma-lentopalloa ole mukava pelata. Peräkkäisinä päivinä pidetyt harjoitukset voivat esimerkiksi tuntua ikäviltä, jos edellisenä päivänä on iskenyt harjoituksissa takapuolensa kovasti lattiaan. Alla olevassa kuvassa näette, kuinka hoidan kipeytynyttä ahte-riani Lahden turnauksessa hieromalla. Siskolleni suurkiitos tästä kuvasta. Kyllähän jokainen haluaa, että tällaiset hetket tulee ikuistetuiksi.

Takaisin asiaan. Nyt kun oli tajuttu laskea verkkoa, niin eteen tuli toinen ongelma. Liikkuminen takapuoli maassa on huomat-tavasti hankalampaa kuin pystylentopalloilijan liikkuminen juosten. Kenttää oli siis pienennettävä, jotta pisteiden teko ei olisi liian helppoa. Kiitos eri teippejä valmistaville firmoille siitä, että heidän tuotteidensa ansiosta istumalentopalloturna-uksia pystytään järjestämään ympäri Suomen. Ilman heidän panostaan useimmissa paikoissa jäisivät rajaviivat vetämättä.

Nyt on kenttä kunnossa ja ottelu voi alkaa. Lentopallosääntöjä on hieman viilattu lajiin sopivimmiksi ja kaikki on siis valmista. Hetkinen, jotain vielä puuttuu. Kentällä ei ole pelaajia. Millainen sitten on tyypillinen istumalentopalloilija? Itse olen tätä kirjoittaessani pelannut vain ykkössarjaa ja alempaa SM-sarjaa, joten voin tehdä päätelmäni vain sen perusteella.

Istumalentopalloilija on noin 18–60 vuotta vanha, enemmän tai vähän vähemmän hyvässä kunnossa oleva mies tai nainen. Osalla pelaajista on jokin vamma, joka estää pystylentopallon pelaamisen, ja muut pelaajat pelaavat ististä, koska se on niin älyttömän hauskaa. Nuoremmilla pelaajilla on ehkä enemmän voimaa ja nopeutta, mutta vanhemmat kurovat tuon kaulan kiinni pelisilmällä ja oveluudella.

Joistain pelaajista huomaa, että heillä on hirveä menestyksen nälkä ja voittamisen jano. Toisilta nuo tunteet ovat hieman haihtuneet ja jäljelle onkin jäänyt enää nälkä ja jano. Tästä hyötyvät erityisesti turnausten buffetit.

Nyt meillä on siis kenttä kunnossa ja pelaajat paikalla. Enää puuttuvat tuomarit. Mitähän heistä nyt uskaltaisi sanoa? Tässä on viime vuosina saanut lehdistä lukea, kuinka valmentajille ja seuroille on mätkitty muhkeita sakkoja siitä, kun he ovat edes maininneet tuomarin haastattelussa. No ehkä he ovat saattaneet häntä kutsua hiireksi tai jotain vastaavaa, mutta silti tuomiot ovat aika kovia.

Koska tuomarit kuitenkin ovat tärkeä osa tätäkin lajia, niin heidät on mainittava tässä kohdassa, missä lajista kerrotaan. Nyt olen sen siis tehnyt. Tuomarit tuomitsevat otteluita, eivätkä ole hiiriä. Se on virallinen julkilausumani tästä asiasta. Jos joku haluaa tätä vielä pehmittää, niin sanotaanko, että he ovat suloisia halinalleja kaikki. Enköhän minä tällä nyt varmistanut sen, että sakkoja ei ole tulossa minulle, eikä VanLelle. Huh huh.

Meillä on kenttä, pelaajat, säännöt ja tuomaritkin. Mutta miten ihmeessä minä terve, tuolloin 27-vuotias, 180cm pitkä, ainakin suhteellisen normaali kaveri eksyin istumalentopallon pariin? No siihen tarvittiin muutama sattuma ja oma kokeilunhalu. Minulla kävi tässä tietenkin aika hyvä tuuri. Jostain toisesta henkilöstä pari sattumaa ja oma kokeilunhalu ovat tehneet narkomaanin.

Yllä oleva kuva on otettu Vantaan ykkössarjaturnauksessa 24.11.2007 klo 14.40. Kuten huomaatte, niin vastustajan syöt-täessä verkolla on kaksi kaveria kädet pystyssä. Tämä ei johdu siitä, että haluaisimme antautua vaan siitä, että vastustajan syö-tön saa torjua.

Kuvasta huomaa myös hyvin, että kaikilla muilla on kädet maassa, jotta liikkeellelähtö onnistuisi paremmin. Vaikka istu-malentopalloa pelataan istuen, niin silti liikkuminen on erittäin tärkeää. Se on myös erittäin haasteellista, ja sen takia sitä harjoi-tellaankin paljon. Vaikka ainakin meidän joukkueellamme on kehitettävää joka osa-alueella, niin keskittyminen on usein hyvällä tasolla. Kun sanon usein, niin se ei tarkoita aina. Alla kuva siitä, miten pitäisi keskittyä, ja siitä, miten ei. Kuvassa Tarmo keskittyy syöttöönsä ja taustalla minä ja Mika keskitytään ihan johonkin muuhun naureskellen ja unohtaen koko pelin. Tämä oli kyllä ainoa kerta koko kautena. Ihme, että juuri siitä hetkestä saatiin kuva.

Kausi 2007–2008

Taisi olla kesä 2006, kun sattumalta tuli puhetta siskoni miehen Mikan kanssa siitä, että olisi hauska aloittaa lentopallon pelaaminen. Ei mennyt kovinkaan kauaa, kun ryhdyimme käymään Vantaan Lentopallon harrasteporukan kanssa pelailemassa. Sitä jatkui talven ajan, ja sitten alkoi kuulua huhuja siitä, että VanLessa ruvettaisiin pyörittämään istumalentopallotoimintaa.

Rohkeimmat kävivät ististä kokeilemassa, mutta minulla oli ehkä aluksi vähän ennakkoluuloja lajia kohtaan. Toisaalta taas tuntui siltä, että kyllähän sitä voisi ainakin kokeilla. Eivät ainakaan odotukset olisi liian suuret. Se on vähän sama tilanne, kun vertaa lentämistä Finnairilla ja Aeroflotilla. Kun lentää Finnairilla, sitä odottaa saavansa hyvää palvelua ja mukavan lennon. Aeroflotilla lähden lentämään toiveena päästä hengissä kotiin. Tässä tilanteessa lentopallo oli minulle Finnair ja istumalentopallo Aeroflot.

Vihdoin sitten loppukesästä 2007 uskaltauduin kokeilemaan istumalentopalloa ja ennakkoluuloni lajia kohtaan hävisivät kertaheitolla. Vielä tässä vaiheessa se kipinä ei kuitenkaan sytyttänyt mitään hirvittävää roihua tätä lajia kohtaan, vaan sen teki ensimmäinen 1-sarjan turnaus Lappeenrannassa, mutta siitä lisää vähän myöhemmin.

En tarkalleen muista miten se kävi, mutta jotenkin lupauduin VanLen istisjoukkueeseen kaudelle 2007–2008. Olisikohan minuun käytetty suostuttelun neljää perusperiaatetta eli maanittelua, lahjontaa, kiristystä ja uhkailua. Ensin varmaan sanottiin: "Tulisit nyt. Se on tosi kivaa ja sä olet niin hyväkin." Jos se ei tehonnut, niin lahjonta varmasti tehoaisi: "Saisit kirjoittaa joukkueemme turnausraportitkin." Jos lahjonnasta ei ollut hyötyä, niin kiristämällä asia olisi selvä: "Jos et tule pelaamaan, niin joudut toimitsijatehtäviin muiden VanLen joukkueiden otteluissa." Viimeinen keino oli siis uhkailu: "Jos et tule pelaamaan, niin sitten itket ja tulet pelaamaan luokiteltuna pelaajana." Joku näistä tehosi ja tässä sitä nyt sitten ollaan. Sen verran noista keinoista voin sanoa, että ainakaan kiristäminen ei tehonnut, sillä jouduin toimitsijatehtäviin useasti kauden aikana.

Kauteen valmistautuminen

E nnen ensimmäistä 1-sarjan turnausta Lappeenrannassa lajin kanssa piti päästä paremmin sinuiksi. Eddy veti meille harjoituksia, joissa oli eläimellinen meno päällä. Niissä hikoiltiin kuin siat, laahattiin takapuolta lattiaa vasten kuin koirat, tasapainoiltiin pallojen päällä kuin sirkusapinat ja raadettiin kuin hevoset. Jos keuhkoista olisi liiennyt vähän ylimääräistä ilmaa, niin olisimme voineet laulaa samalla "Piippolan Vaarilla Oli Talo Hiiala Hiiala Hei".

Ensimmäinen 1-sarjan turnaus pelattiin vasta marraskuun alussa. Tämän ansiosta joukkueemme ehti harjoitella ihan hyvin ennen kuin jouduimme ensimmäiseen tulikasteeseemme. Vaikka harjoituksissa mentiinkin kovaa, niin tunnelma oli aina leppoisa. Hyvästä joukkuehengestä, yhteispelistä ja tsemppaamisesta tulikin VanLen tavaramerkki seuran ensimmäisellä istumalentopallokaudella.

Istumalentopalloa oli kahdesti viikossa ja sen päälle oli vielä muutamat pystylentopalloharjoitukset. Ne takasivat minulle sen, että en täysin kyvyttömäksi tuntenut itseäni edes ensimmäisessä virallisessa istisottelussani. Silti tavoitteet eivät olleet kovin korkealla, kun lähdettiin ensimmäiseen turnaukseen. 1-sarjan turnauksissa pelattiin kaudella 2007–2008 aina kaksi erää. Ottelut saattoivat siis päättyä myös tasan. Erävoittoon riitti yhden pisteen ero. Tässä on turnausraportti Lappeenrannasta.

Lappeenrannan turnaus

T iedättekö, mitä yhteistä on poliitikolla ja VanLen istumalentopalloilijalla. No aluksi kumpikin uhoaa saavansa paljon aikaan, mutta tosipaikan tullen molemmat istuvat ahterilleen ja nostavat kätensä ylös. Erotuksena tässä on

tietysti se, että siinä missä poliitikolla tämä tarkoittaa luovutta-
mista, niin sama asia tarkoittaa VanLelaisella vasta taistelun
alkamista. Aloituksen torjunta verkolta, syöttövuoro omille ja
vastustajan selkärangasta kuuluu ikäviä rusahduksia.

Aloitetaan kuitenkin ihan alusta. 3.11.2007 klo 6.15 herätyskel-
lo soi merkiksi siitä, että olisi aika valmistautua VanLen mies-
ten istisjoukkueen kautta aikain ensimmäiseen turnaukseen ja
eihän siinä tilanteessa päässä voinut pyöriä kuin yksi ajatus...
lajinvaihto! Kuka hullu herää lauantaina tuohon aikaan pelatak-
seen istumalentopalloa? Vastaus kuuluu minä ja viisi muuta
innokasta lajin harrastajaa. Eddyn tiukkojen treenien jäljiltä
huippukuntoinen joukkue oli valmis kohtaamaan huomattavas-
ti kokeneemmat vastustajansa.

Matka Lappeenrantaan sujui rattoisasti ja perille ehdittiin hyvis-
sä ajoin ennen turnauksen alkua. Jopa Pertti oli niin innoissaan
tästä kaudenavauksesta, että hänkin oli jo lähes tuntia ennen
oman ottelumme alkua kentän laidalla. Tämä tosin herätti
pienen epäilyksen siitä, että hänen kellonsa saattaisi olla vielä
kesäajassa. Joka tapauksessa joukkue ryhtyi keräämään taistelu-
henkeä lojuilemalla pitkin salin lattioita haukotellen. Vähitellen
saattoi tuntea kuinka veri alkoi kiertää matkan aikana puutu-
neissa jäsenissä.

Avausvastustajamme oli heti pahimmasta päästä eli Suomen
naisten maajoukkue. Tämä yhteen hioutunut huippujoukkue
joutui VanLen kanssa koville ja voitti molemmat erät vain
muutamalla pisteellä. VanLen peli oli lupauksia herättävää,
mutta erien lopussa rutiini ei vielä voittoon asti riittänyt. Maa-
joukkueen peli puolestaan pyöri ajoittain niin hyvin, että Van-
Lelaiset olivat kuin peräkammarinpoikia naistentansseissa. Ei
tiedetty yhtään, miten siellä pitäisi olla, eikä varsinkaan mitä
siellä pitäisi tehdä.

Pienen hengähdyksen jälkeen vastaan asettui kokenut kotijoukkue ESI CCCL Lappeenrannasta. Edellinen peli oli saanut VanLelaisten lihakset täyteen iskuun, eikä pitkän ajomatkan rasituksista enää ollut tietoakaan. Altavastaajana otteluun lähtenyt VanLe taisteli ottelusta yhden erävoiton ja tasapelin. Siis VanLen ensimmäinen istiserävoitto WUHUHUUU!!! Tämän jälkeen enää kukaan ei voi jättää meitä laskuistaan, kun miettii päävastustajiaan. Me tulemme olemaan vielä monen joukkueen sarjanousuhaaveiden haalistaja. Tyhjillä nitropurkeilla vastustajan valmentajat eivät enää lähde matseihin meitä vastaan. Se on jo nyt selvä.

Nyt yhden ottelun kestänyt tauko tuntui jo liian pitkältä. VanLen joukkue janosi jo seuraavia pisteitään. Ei haitannut, vaikka vastaan oli tulossa turnauksen puhtaalla pelillä aloittanut KSI Kotkasta. VanLe näyttikin ensimmäisessä erässä, että Vantaalta löytyy muutakin hyvää kuin...ööö....siis muutakin hyvää kuin....äh....että Vantaalta löytyy jotain hyvää. Ensimmäinen erä hienosti VanLelle, mutta toiseen erään iski hyvänolontunne, jonka vastustaja käytti armotta hyväkseen. Joukkueemme ei tarjonnut KSI:lle minkäänlaista vastusta. Kun peli näyttää yhtä hengettömältä kuin Kimi Räikkönen lehdistötilaisuudessa, niin kaikki ymmärtävät, että ei siitä kannata enää tämän enempää kirjoittaa.

Tällä kertaa lyhyt tauko tuli tarpeeseen. VanLe sai aikaa kasata rivejään ennen viimeistä ottelua. Vastaan oli asettumassa kovakuntoinen, mutta kokematon Lahden Ammattikorkeakoulun joukkue. Ensimmäisen erän VanLe voitti helpohkosti hyvän latautumisen ansiosta, mutta toisessa erässä ote pääsi taas lipsumaan. Selkeä johtoasema menetettiin ja ajauduttiin tilanteeseen 19–19, jossa molemmilla joukkueilla oli eräpallo. Syöttö nousi hienosti passarille, joka oli ilmeisesti jo ennen syöttöä katsonut kentältä tyhjän paikan, minne meinaa jujunsa pistää. Hyvin taistelleet lahtelaiset joutuivat lähtemään kotimatkalle tyhjin käsin, kun VanLe sai juhlia ensimmäistä puhdasta voittoaan. Tällä tasolla joukkueiden väliset erot ovat niin pieniä, että kaikki pienetkin asiat täytyy ottaa huomioon. Näissä asioissa kokeneempi VanLe onnistui Lahtea paremmin, mutta nälkäinen Lahti tulee varmasti revanssimielellä vain muutaman viikon päästä pelattavaan seuraavaan turnaukseen, jossa joukkueiden taso punnitaan uudemman kerran.

Lappeenrannan turnaus oli VanLelta kokonaisuudessaan onnistunut suoritus. Tilillä ei ole kuin yksi tappio ja sekin tuli maajoukkuetta vastaan. Peli kulki mallikkaasti koko turnauksen ajan ja tulokset olivat doping-testejä lukuun ottamatta positiivisia. Näitä tunnelmia ei kauaa ehdi maistella, sillä heti seuraavana päivänä alkaa valmistautuminen kohti kotiturnausta, jossa VanLen joukkue lähtee taas tasapäisesti haastamaan kaikki vastaantulevat joukkueet.

VanLen joukkueessa Lappeenrannan turnauksessa pelasivat:

Jari, Tarmo, Pertti, Kati, Mika, Saku

Ensimmäisen turnauksen jälkeen olo oli erittäin hyvä. Turnaus oli hauska ja pörssikurssit vielä nousussa. Sitä mukaa, kun pörssikurssit alkoivat laskea, alkoi VanLen suoritukset parantua entisestään. Jostain syystä harjoituksissamme ei siltikään näkynyt nimikirjoitusten hakijoita, eikä skandaalilehtien toimittajia. Missään verkkosivuilla ei edes spekuloitu millään huhulla Jarin siirtymisestä Kotkan riveihin. Istumalentopallo on niin hieno laji, että se ansaitsisi paljon melua tyhjästä. Nyt kaikki joukolla miettimään, miten me saisimme jonkun turhan julkkiksen pelaamaan istumalentopalloa ja näin promotoimaan lajia. Siinä vaiheessa, kun Matti Nykäsen polvet eivät enää kestä mäkihyppyä, niin siinä olisi meille oiva saalis. Matista tulisi Lamk:n joukkueelle hyvä vahvistus ja isähahmo.

Julkisuudelta suojassa VanLe harjoitteli siis vain kaksi viikkoa Lappeenrannan ja Vantaan turnausten välillä. Silti peli parani entisestään ja siitä seuraavassa.

Vantaan turnaus

Naps sanoi verkko ja räsähti lattialle. Siinä se makasi kuolleena, eikä edes sätkinyt. Turnauksen alkuun oli noin 30 minuuttia. Aika, joka oli tarkoitettu lämmittelyyn, kului VanLelaisilta verkon elvytysyrityksiin. VanLen lähtökohdat turnaukseen olivat heikentyneet jo turnausta edeltäneissä kabinettineuvotteluissa, joissa oli päätetty, että Lappeenrannan turnauksessa VanLen riveissä loistanut Kati pelaisi Vantaalla maajoukkueen riveissä. VanLen tästä saamia korvauksia ei koskaan kerrottu julkisuuteen.

Verkko saatiin kuntoon viime hetkellä ja VanLe lähti Lappeenrantaa vastaan aika kylmiltään. Se näkyi otteissa. Jos jotain positiivista pitää hakea, niin ilmeisesti VanLelaiset olivat kasvaneet sitten viime turnauksen. Tai siltä se vähän vaikutti, koska jatkuvasti oli joku VanLelainen sohimassa käsineen vastustajan puolella. Näistähän seurasi aina piste vastustajalle. Ei tarvitse kovin pitkälle taaksepäin katsella maailmanhistorian tapahtumia, kun jo huomaa, että liiallisesta käsien yläviistoon heiluttamisesta ei seuraa mitään hyvää.

Toiseen erään VanLe kokosi rivinsä otti tärkeän eränvoiton. Turnaus sai sittenkin positiivisen alun ja kaikki kotiin jääneet katsojatkin olivat varmasti haltioissaan. Otteluohjelma oli suunniteltu tiiviiksi ja heti tämän ottelun perään oli vuorossa koitos edellisen turnauksen voittanutta Kotkaa vastaan. Nyt oli ainakin hyvä lämpö päällä, kova matsi alla ja verkko välissä, joten selittelyille ei jäisi sijaa.

.

VanLe aloitti ottelun vahvasti pitäen ohjia käsissään. Käsille se homma sitten menikin. Selkeä johto vaihtui kirvelevään pisteen tappioon. Tätä tappiota ei VanLe pystynyt nielemään. Siihen lähcs tukchduttiin. Tämän scuraukscna Kotka otti toisen erän alkuun uskomattoman 12 pisteen putken, ja vaikka sen jälkeen VanLe aloitti pyristelyn, niin ottelu oli jo ratkennut tähän. Tästä toisesta erästä ei todellakaan jäänyt mitään kerrottavaa jälkipolville. Ottelun jälkeen oli kyllä niin kuohittu olo, että tuskin on edes mitään vaaraa saada sitä jälkikasvua, kenelle tästä ottelusta voisi sitten olla kertomatta.

Turnaus oli siis saatu puoliväliin ja kasassa oli yksi erävoitto. Seuraavaksi vastaan asettuisi Lahden joukkue, joka edellisessä turnauksessa kiusasi VanLea loppuun asti. VanLe tuli otteluun sisuuntuneena ja pystyikin taistelemaan molemmat erät itselleen. Täysi pistepotti kartutti taas porukan itseluottamusta. Sitä tultaisiin tarvitsemaan, koska viimeisessä ottelussa kohdattaisiin Team Finland, joka viimeksi kyykytti VanLen puhtaasti 2-0. Lahtea vastaan VanLe onnistui pelaamaan parasta peliään ja siitä olisi hyvä jatkaa kohti tuota ratkaisevaa ottelua. Mikäli VanLe-Lamk ottelu olisi radioitu, sen selostus olisi voinut olla jotain tällaista: "Swiithfyrthzzzzririfgathgathrraaathsst." Sori. Taidetaan olla katvealueella. On vähän huono kuuluvuus.

Vaikka kuuluvuus olikin huono, niin näkyvyyttä tai ainakin näyttävyyttä riitti. Kun katsotte tarkasti yllä olevaa kuvaa, niin voitte huomata, kuinka Lahtea vastaan Mika kokeili uudenlaista pelityyliä. Säännöissä sanotaan, että takapuoli tai selkä pitää olla maassa istumalentopalloa pelattaessa. Kuten pystylentopallossa, niin myös istiksessä palloa saa pelata jaloilla. Tätä sääntöpykälää hyväksikäyttäen Mika yritti kehittää peliä uuteen suuntaan pelaamalla jalat kohti kattoa. Tämä pelitapa on vielä kehitysasteella ja siihen saakka kunnes se hiotaan loppuun asti, Mika on päättänyt pelata käsillään.

Ennen ottelua maajoukkuetta vastaan VanLelle osui turnauksen ainoa tauko. Se käytettiin tyylikkäästi hyödyksi. Itse teloin peukaloni omaa tyhmyyttäni ja jouduin pelaamaan ottelun käsi teipattuna, suu mutrulla ja häpeä niskassa. Tasaisen ottelun ensimmäisen erän vei Team Finland niukasti. Toinen erä meni yllättäen VanLelle tiukkaakin tiukemman rypistyksen jälkeen. Erävoitto oli VanLelle ensimmäinen maajoukkueesta. Selkeää kehitystä on siis tapahtunut. 1-sarjassa ei siis enää pelaa yhtään joukkuetta, jolta VanLe ei olisi ottanut päänahkaa erävoiton muodossa.

Kotka oli Vantaan turnauksen ylivoimainen ykkönen. Siitä ei jäänyt kenellekään epäselvyyttä. Sijat sen jälkeen olivatkin sitten tiukassa. Maajoukkue, VanLe ja Lappeenranta saivat yhtä paljon erävoittoja ja näiden keskinäinen paremmuus ratkaistiin laskemalla voitettuja ja hävittyjä pisteitä. Joku laskutaitoinen onnistui saamaan maajoukkueen turnauksen toiselle sijalle, VanLe vei pronssia ja Lappeenranta jätettiin neljänneksi ennen Lahtea. Ensi vuoden puolella jatketaan kautta jännittävistä asemista Kotkan turnauksessa.

VanLen riveissä Vantaan turnauksessa pelasivat:

Jari, Tarmo, Pertti, Mika, Pasi, Saku

Joulutauolle lähdettäessä into lajia kohtaan oli kaikilla huipussaan. Treenit maistuivat ja vähitellen voitonjano alkoi kasvaa. Toisin kuin Irwin Goodmanille, minulle lisääntynyt jano ei tietänyt vaikeuksia verottajan kanssa, vaan sain ihan kivat palautukset ennen joulua. Joulu menikin mukavasti vaikka Myyrmäen kuumin kohtauspaikka Toppari oli kiinni jouluaattona.

Melkein heti uuden vuoden jälkeen oli vuorossa kolmas 1-sarjan turnaus. Tällä kertaa Kotkan joukkue toimi isäntänä.

Kotkan turnaus

L auantaiaamuna 12.1.2008 kuusi urhoollista VanLelaista lähti taistelemaan pisteistä istiksen ykkössarjaturnaukseen Kotkaan. Rekkajonojen pelossa kolme bussillista faneja jäi Vantaalle, mutta itse joukkue saapui Kotkaan hyvissä ajoin täynnä taistelutahtoa ja Pyhtään ABC:n pullaa. Muista joukkueista poiketen VanLen ottelut alkoivat vasta 12.30, ja tämä tarkoitti sitä, että pystyimme scouttaamaan muiden joukkueiden kuviot ennen omaa avausotteluamme.

Ensimmäiseksi vastaan marssi tai kun istiksestä on kyse, raahautui LAMK:n joukkue. Lahden peli on parantunut turnaus turnaukselta, joten oli selvää, että meidän olisi pakko panna parastamme, mikäli haluaisimme ottelun voittaa. Parhaimpaamme me pystyimmekin, ja LAMK kaatui puhtaasti 2-0. Tasaisen ottelun ratkaisi edellisessä turnauksessa naisten maajoukkuettakin vahvistanut Kati vahvoilla aloituksillaan. Toisen erän kahdeksan pisteen putki käänsi ottelun kulun, ja VanLe otti vakuuttavan voiton. VanLen suorituksia voidaan oikeastaan verrata matkatavaravakuutukseen. Kun VanLe vakuuttaa, niin se ei häviä, ja kun matkatavarat vakuuttaa, niin ne eivät varmasti häviä. Silloin, kun VanLe ei vakuuta, niin se häviää. Jos matkatavaroita puolestaan ei vakuuta, niin kun perhe matkustaa sukukokoukseen Siilinjärvelle, niin perheen videokamera matkustaa Australiaan aboriginaalien haltuun, jolla he sitten kolkkailevat kenguruita tai jotain. Minun mielestä tosin kenguruiden kolkkaaminen on paljon mielekkäämpi käyttötapa videokameralle kuin sukujuhlien kuvaaminen.

Toisessa ottelussa VanLe kohtasi Team Finlandin eli naisten maajoukkueen. Ensimmäinen kohtaaminen Lappeenrannassa päättyi tiukkojen vaiheiden jälkeen VanLen 0-2 tappioon. Toinen kohtaaminen Vantaalla päättyi tasan 1-1 ja nyt vihdoin oli voiton vuoro. 2-0 voitto tuli kohtuullisen selvin numeroin ja erittäin hienolla pelillä. VanLen peliä tässä ottelussa voisi hehkuttaa sivutolkulla, mutta koska vaatimattomuus kaunistaa ja minä tarvitsen kaiken avun sillä saralla, niin siirryn sujuvasti seuraavaan otteluun.

Loistavan alun jälkeen vastaan tuli koko ykkössarjan tähän asti tappiotta pelannut Kotkan joukkue. Tälläkin kertaa Kotka onnistui sekoittamaan VanLen pelin niin kuin vesijohtovesi sekoitti nokialaisten vatsat. Tuli aika rumaa jälkeä siis. Aloitussyötöt jäivät verkkoon, iskulyönnit torjuntaan, nostot seinille, pisteet Kotkalle ja baariin vodkalle. Näistä neljä ensimmäistä toteutui ottelussa, mutta tuon viimeisen pilasi ainakin minun kohdalta tämä kirottu tipaton tammikuu.

Viimeiseen otteluun jäi kovasti panosta, sillä tasapeli Lappeenrannasta toisi VanLelle kautta aikain parhaan sijoituksen miesten istumalentopallon ykkössarjassa. Tasapeli varmistaisi turnauksessa toisen sijan heti Kotkan jälkeen. Ottelu Lappeenrantaa vastaan alkoi totutun tasaisesti. Erän lopussa VanLe kuitenkin tsemppasi tarvittavat pisteet erävoittoon. Toisen sijan varmistuttua VanLe pystyi lähtemään vapautuneesti turnauksen viimeiseen erään. Eihän siitä mitään tullut. VanLe selkeästi pystyy parhaimpaansa paineen alla. Paineen alla syntyy myös muita hyviä asioita kuten timantteja, tiivistettyä kaatopaikkajätettä ja burn outteja, joiden pohjalle nyky-yhteiskunta pitkälti rakentuu. VanLe siis hävisi erän, jonka johdosta ottelu Lappeenrantaa vastaan päättyi jo kolmannen kerran tällä kaudella tasan. Tämä kuvaa hyvin ykkössarjan tasaisuutta.

Kokonaisuudessaan loistavasti menneen ististurnauksen jälkeen VanLen joukkue lähti hyvillä mielin kotia kohti. Matkalla pysähdyttiin jälleen Pyhtään ABC:lle, jossa joukkueelle tarjottiin menestyksen johdosta hyvät sapuskat...rahallista korvausta vastaan tosin.

Kotkan turnauksessa pelasivat:

Pertti, Tarmo, Mika, Kati, Jari, Saku

Ensimmäisessä turnauksessa olimme neljänsiä, sitten kolmansia ja nyt toisia. Koko ajan kokemusta tuli lisää, itseluottamus kasvoi ja treeneissä kävi hyvin porukkaa. Oli sääli, että seuraavaan turnaukseen oli niin pitkä aika.

Olikohan sama henkilö suunnitellut otteluohjelman, joka suunnittelee hammashoidon asioita Vantaalla. Onhan tämä nyt ihan naurettavaa. Tilasin ajan hampaiden tarkastukseen viime vuoden lopulla ja ajan sain tälle keväälle. Muutama reikä löytyi ja niitä paikkailtiin kesäkuussa. Tarvitsin kuitenkin vielä toisen paikkausajan ja sellaisen sain ihan lokakuun loppuun. Siis muutaman hampaan paikkaamiseen menee vuosi. Olen kyllä kuullut, että ihmiset käyvät kauneusleikkauksissa Virossa, mutta kyllä siellä varmaan kohta ruvetaan käymään hampaitakin paikkailemassa.

No, tosiaan meidät oli melkein pakotettu lähtemään 26. kerran järjestettävään Kotkaturnaukseen. Muutoin aika kävisi liian pitkäksi kauden päättävää Lahden turnausta odoteltaessa. Kasasimme tyylillemme uskollisina sekajoukkueen, jonka ilmoitimme miesten B-sarjaan. Se on se sarja, missä ne Baremmat joukkueet pelaa. Ja kuinkas sitten kävikään.

26. Kotkaturnaus

,, Veni, Vidi, Vici". Tuo Julius Caesarin lausahdus on latinaa ja vapaasti suomennettuna se tarkoittaa Den Glider In. Paremmin ei varmaan voisi kuvailla VanLen saavutuksia 26. Kotka-turnauksessa. VanLe lähti yhden joukkueen voimin tavoittelemaan menestystä kyseiseen turnaukseen, ja lopputulos oli täysosuma. Kaikki muut sarjat voittanut Kotka joutui miesten B-sarjassa tyytymään toiseen sijaan VanLen vietyä turnausvoiton. Ensin Lasse Viren voitti MM kultaa kaatumisensa jälkeen vuonna 1972. Sitten Suomi voitti ensimmäisen ja toistaiseksi ainoan jääkiekon maailmanmestaruutensa vuonna 1995 ja nyt sitten tämä. Nämä ovat niitä hetkiä, jotka suomalainen penkkiurheilija tulee muistamaan pitkään.

Kun ensi kertaa näin istumalentopalloa jossain paralympialaislähetyksessä, niin en olisi voinut kuvitellakaan, että joskus voisin nostaa voittopokaalin kohti taivasta kyseisessä lajissa. No, en minä sitä nytkään saanut tehdä. En ole koko pokaaliin saanut koskeakaan. Kiitti vaan kaverit. Vaikka syönkin aina Kotkan reissuilta palatessamme Pyhtään ABC:n ihanan rasvaisen bonuspannun, niin joka kerta olen käyttänyt haarukkaa ja veistä. Minun sormeni eivät siis voi olla niin rasvaiset, etten voisi pokaalia koskettaa.

VanLe saapui jälleen hyvissä ajoin pelipaikalle ottamaan hyvät alkulämmöt päälle. Mitään ei voitu jättää sattuman varaan, koska heti avausvastus tulisi olemaan kivikova Lappeenrannan ESI CCCL, jonka kanssa VanLe on tällä kaudella pelannut jo kolme tasapeliä. Tälläkin kertaa ottelu lähti tasaisissa merkeissä etenemään, kunnes tuli Katin vuoro syöttää. Kati pommitti syötöillään ottelussa varmasti pitkälti toistakymmentä pistettä ja takasi VanLelle 2-0 voiton. Ottelua katsomossa katsoneet Hyvinkään miehet olivat päivitelleet sitä, että VanLella on niin monta naista joukkueessaan ja että yksi heistä on aika voimakasrakenteisen näköinen. No, tällä he olivat tarkoittaneet minua pitkine hiuksineni. Noh. Jos joku kutsuu minua voimakasrakenteiseksi, niin en viitsi ruveta viilaamaan pilkkua pikku yksityiskohtien, kuten sukupuolen takia, vaan otan tämän kommentin kohteliaisuutena vastaan.

Toisessa ottelussa Hyvinkäätä vastaan Katin syöttö hieman hiipui, mutta naisten maajoukkueesta tuttu Mari otti omilla syötöillään nyt ratkaisijan viitan harteilleen. Me miehet pystyimme pelaamaan ihan peruspeliä ja jättämään ratkaisupisteiden hankkimisen naisten harteille. Tällä reseptillä Hyvinkää kaatui 2-0 ja Lappeenrannan otettua erän Kotkalta, viimeisestä ottelusta VanLelle riittäisi tasapeli turnausvoittoon.

Ottelusta KSI 2- VanLe muodostui siis turnauksen finaali. Mikäli Kotka voittaisi molemmat erät, veisi se mestaruuden, kun taas VanLelle riittäisi siis yksi erävoitto. Ottelun ensimmäisessä erässä näkyi ottelun tärkeys. Peli oli puolin ja toisin hermostunutta ja ratkaisut välillä hieman hätäisiä. Kokeneempi Kotkan joukkue hallitsi hermonsa ratkaisutilanteissa ja vei erän nimiinsä 25–23. Tämä siis tarkoitti sitä, että seuraavan erän voittaja veisi koko turnauksen. Jos olet nyt lukenut jutun alusta lähtien, ja et tiedä, kumpi joukkue sen erän ja turnauksen vei, niin suosittelen lääkärissä käyntiä. Sinulla saattaa olla muistin kanssa hieman ongelmia.

Viimeistä erää Kotka johti jo usealla pisteellä ja oli kahden pisteen päässä turnausvoitosta. Tällä kertaa Jari päätti ottaa ohjat omiin käsiinsä, eikä hän antanut turnausvoiton lipsua käsistämme. Tarkoilla syötöillä hän vaikeutti vastustajan nostoja, mikä vaikutti heidän hyökkäykseensä niin, että koko joukkueen voimin saimme taisteltua itsellemme tarvittavat pisteet 25–23 erävoittoon. Nyt saa tuulettaa. Tästä on hyvä lähteä kohti huhtikuussa pelattavaa 1-sarjaturnausta Lahdessa. Tai siis kyllä me käymme kotona välillä, emmekä suoraan sinne Lahteen lähde. Kotiin menemme Pyhtään ABC:n kautta tietenkin. Lahteen lähdemme sitten taas tutulla porukalla hakemaan ensimmäistä turnausvoittoa 1-sarjassa. Uskon kuitenkin, että siitä turnauksesta tulee ennätystasainen ja jokaisesta erästä joudumme taistelemaan kynsin hampain. Siihen saakka näkemiin ja kuulemiin.

Mestaruuden Kotkasta hakivat:

Mari, Kati, Tarmo, Jari, Mika, Saku

Nyt oli siis saatu ensimmäinen turnausvoitto, ja ai että mihin paikkaan se tulikaan. Nyt kun muistelee turnauksen tapahtumia, niin tekee mieli lähteä harjoittelemaan. Pakko pysyä hyvässä terässä, sillä tuollaista menestystä ei kaljamahalla hankita. Se on tietysti sääli, sillä mikään ei ole niin tyylikästä, kuin Hawaii-paidan nappien välistä pursuava karvainen kaljamaha. Toinen vaihtoehto on hien kellastuttama Lanzarote-paita. Jos käy niin, että vastaantulija onnistuu nostamaan lumoutuneen katseensa tuosta näystä, niin mikä palkinto häntä odottaakaan. Hän näkee kaverin, joka kuumeisesti teinivuotensa käytti viiksien kasvattamisen harjoitteluun, ja nyt kun sen taidon osaa, on tehnyt siitä taidetta. Jos sinä olet tällainen mies (tai nainen), minä nostan sinulle hattua.

Kotkaturnauksen jälkeen oli vielä kaksi kuukautta aikaa kauden päättävään ja niin kovasti odotettuun Lahden turnaukseen. Vaikka me miehet saimmekin siis levätä, naisten ottelut jatkuivat. Ensimmäistä kauttaan pelannut joukkue taisteli koko kauden kiivaasti SM-mitaleista ja tuo taisto päättyi maaliskuussa pelattuun pronssiotteluun. Ensimmäistä kertaa pystyin siis täysipainoisesti keskittymään ottelun tapahtumiin turnausraportin kirjoittaminen mielessäni. Tai niin minä ainakin kuvittelin.

Naisten pronssiottelu

VanLe - VIY

Tähän ihan alkuun on pakko puolustuksekseni todeta, että kyseisessä ottelussa toimin ensimmäistä kertaa elämässäni kirjurina. Sellainen jännitys oli päällä, että pelin seuraamisesta ei meinannut tulla yhtään mitään ja muistikuvia ottelun tapahtumista ei paljoa ole. Toisaalta ei tämä ole ensimmäinen kerta, kun kommentoin jotain asiaa, mistä en tiedä yhtään mitään.

Olin paikalla edellisessä naisten turnauksessa, jota VIY isännöi. Siellä 3-0 voitosta huolimatta Vanle oli hätää kärsimässä VIY:n kanssa. Vastustajan syöttöjä ei saatu nostettua ja siitä vaikeudet lähtivät. Ainoa, mikä nousi, oli minun verenpaineeni katsomossa. Olen vähän sellainen jännittäjätyyppi nääs. Ottelusta todella jäi paljon parannettavaa, jotta pronssimitalit ripustettaisiin VanLen naisten kaulaan.

Minulle muuten sattui taas tänään tilanne, jossa minulta kysyttiin, että mitä meinaat tehdä illalla. Sanoin, että minulla on kahdet lentistreenit, vaikka toiset treenit ovatkin ististä. Tämän sanoin siksi, koska en taas kertaalleen jaksanut selittää, että miksi pelaan ististä. Ihmisten on todella vaikea käsittää, miksi ihan terve ihminen pelaisi istumalentopalloa. Se on vähän sama kuin rupeaisi paaville selittämään, että ehkäisy kannattaisi sallia katolisille. Tai miten kävisi, jos olisit yrittänyt kertoa George W. Bushille, että hänen ei olisi tarvinnut mennä sotilaineen ihan jokaista kansaa pelastamaan. Ehkäisyn kanssa voi pitää hauskaa ja maailmassa olisi paljon haasteita ilman sotiakin. Tätä istumalentopallo juuri on. Se on hauskaa ja haastavaa. Mutta jos ei paavi usko, eikä Yhdysvaltain presidentti usko, niin on sitä turha ruveta tavalliselle tallaajalle selittämään. Kun istumalentopallo on vielä halpa harrastus, niin tuntuu ihmeelliseltä, miksi joku ei sitä haluaisi pelata, mutta näin vain on.

Nyt mennään sitten itse otteluun. Otteluhan päättyi VanLen riemukkaaseen 3-0 (25–15,25–18,25–14) voittoon. Kuten numeroista näkyy, missään vaiheessa ei VanLe joutunut kovinkaan kovaan ahdinkoon. Vastustajan peli saatiin sekaisin todella hyvillä syötöillä, joita lähti jokaiselta. Erityisen ihailtavaa oli kuitenkin huomata, että vastustajan syöttöjen nostoissa ei ollut mitään hirveitä ongelmia. VIY ei saanut yhtään pitkää pisteputkea, koska syötöt nousivat, jos ei nyt ihan passarille, niin ainakin kentälle, eikä pitkin seiniä. Selkeää kehitystä henkilökohtaisissa taidoissa on siis tapahtunut. Tästä on hyvä lähteä hakemaan ensi kaudella finaalipaikkaa. Täytyy kuitenkin toivoa, että ensi kaudeksi naisten sarjaan saataisiin lisää joukkueita. Tällöin kovia otteluita tulisi enemmän ja niistä saatava rutiini kehittäisi VanLen naisia entisestään.

Tämä VanLen istisjoukkueen pronssi taitaa olla ensimmäinen SM-mitali, jonka VanLe on koskaan saavuttanut missään aikuisten sarjassa. Se on aika kova juttu siis. Minun mielestä tämän kunniaksi täytyisi noudattaa monesta lajista tuttua perinnettä pelipaidan jäädyttämisestä. Istiksessä tosin ei pelipaitaa kannata jäädyttää, vaan parempi tapa olisi uran loputtua hilata istishousut Varian kattoon. Tämä kunnia lankeaisi sellaiselle pronssijoukkueen jäsenelle, joka tulee pelaamaan pitkän uran VanLessa näyttäen esimerkillistä asennetta ja hienoja pelisuorituksia joukkueen harjoituksissa ja peleissä.

Sitten mennään taas ihan toiseen asiaan. Minua on vähän ruvennut huolestuttamaan tämä naisten joukkueen hyvä menestys ja pelin kehittyminen. Kati on kuulunut meidän miesten joukkueen vakiokalustukseen ja sen lisäksi Mari kävi kanssamme voittamassa sarjamme Kotka-turnauksessa. Nyt mukaamme, miesten ykkössarjan päätösturnaukseen Lahteen on lähdössä Maija, joka esiintyi edukseen naisten pronssijoukkueessa. Tässähän saa vähitellen ruveta taistelemaan pelipaikastaan. Ennen kuin me miehet huomaammekaan, niin pääsemme seuraamaan omia otteluitamme parhailta paikoilta… siis katsomosta käsin.

Tärkeä tiedotus. Kotkan miesten ykkössarja turnauksessa eräältä (ei VanLen) pelaajalta katosi kalsarit. Jos joku on nämä löytänyt, niin ne voisi ottaa mukaan Lahden turnaukseen (ehdottomasti pestyinä), jotta ne saataisiin palautettua oikealle omistajalleen. Minä henkilökohtaisesti reilun pelin hengessä tarjoan löytäjälle pullakahvit turnauksen buffetista, jos sellainen Lahdesta löytyy.

Tähän loppuun haluan vielä kerran onnitella pronssia voittanutta VanLen naisten joukkuetta. Tosi hieno homma. Pistäkää pystylentopalloilijat paremmaksi.

Saku Ilvonen Vantaa 19.3.2008

Meidän seurassamme oli kevään aikana tullut hieman valmennuksellisia muutoksia. Eddy oli pitkään matkoilla ja meidän miesten joukkueen avainpelaajiin kuuluva Jari otti valmennusvastuuta itselleen. Emme kyllä treeneissä yhtään helpommalla päässeet vieläkään. Vähän sama, kun vaihtaisi käytetyn vanhan Skodansa saman vuosimallin Ladaan. Rankkaa on matkanteko. Se voi olla myös palkitsevaa. Itse tosin mieluummin harjoittelen Jarin ohjeiden mukaan kuin teen turnausmatkoja vanhalla Ladalla.

Jarin treenit olivat siis rankkoja, mutta sain niistä paljon uusia juttuja palloliseen peliin, joka kaipasi ja kaipaa urani loppuun asti parannusta. Tähän mennessä olen jo oppinut, että siitä ei saa pistettä, jos pallon lyö hirveällä voimalla suoraan takaseinään. Se on sääli, sillä siinä minä olen hyvä. Olen kovasti miettinyt asioita, joita voisin tehdä pelini parantamiseksi, ja jotkin muutokset ovat olleet ihan onnistuneita. Niistä en tosin tässä kirjassa puhu, sillä joku vastustaja voi tämän lukea ja oppia pelaamaan vielä entistä paremmin minua vastaan. Siinä vaiheessa istumalentopallo ei ehkä olisi niin hauskaa kuin se nyt on.

Tulihan se kauan odotettu Lahden turnaus viimeinkin. Kevät oli jo pitkällä, kun saatiin kausi päätökseen. Nyt oli aika pistää kaikki peliin ja lähteä taistelemaan 1-sarjan mitaleista. Ennen viimeistä turnausta VanLe oli sarjassa kolmantena. Team Finland oli karannut kahden pisteen päähän ja ESI CCCL oli kaksi pistettä perässä. Huimassa iskussa koko kauden ollut Kotkan KSI 2 oli jo lähes varma mestari.

Lahden turnaus

V iimeistä viedään. Istiskausi on nyt paketissa, ja pääsen kirjoittamaan viimeistä turnausraporttia. Tässä alkaa jo vähän jututkin loppua. Hieman haikein mielin tämä kausi on jätettävä taakse. Niin paljon hyviä hetkiä se tarjosi hauskojen pelikavereiden ja jännittävien turnausten ansiosta.

Tähän kauden viimeiseen turnaukseen Vanle valmistautui ehkä jopa hieman paremmin kuin muihin turnauksiin. 42,86 prosenttia joukkueestamme nimittäin siirtyi pelikaupunki Lahteen jo päivää ennen turnausta. Minä, Mika ja Kati saimme näin totutella Lahden maalaiseen ilmanalaan. Näin syntyperäisenä vantaalaisena (lue: Helsingin maalaiskunta), en ole tottunut tuollaiseen landelaisuuteen, ja totuttelu varmasti helpotti peli-rytmiin pääsemisessä.

Ensimmäisessä ottelussa vastaan asteli ensimmäistä kertaa ykkössarjassa esiintynyt tuomareiden joukkue. Tästä tulikin heti mieleeni yksi vanha vitsi, jonka päivitetty versio tulee tässä:

Pitkän ja onnellisen elämän elänyt entinen Suomen istumalen-topallomaajoukkueen päävalmentaja oli kuollut vanhuuteen ja päässyt taivaaseen. Jonkun aikaa taivaassa oltuaan pyhä Pietari pyysi kaverin puheilleen ja sanoi: "Ei sinua kiinnostaisi ruveta valmentamaan taivaan istumalentopallo-joukkuetta?", ja viittasi jumalaisessa palloiluhallissa harjoitteleviin pelaajiin. Pelikentällä harjoittelemassa oli maailman parhaimpia istumalentopalloili-joita usealta vuosikymmeneltä. Eihän tuohon Pietarin kysy-mykseen voinut millään vastata kieltävästi.

Kului jonkin aikaa, ja joukkue alkoi päästä huippuiskuun, kun valmentajan kännykkä soi. Luurin toisessa päässä oli itse piru.

Piru halusi haastaa taivaan joukkueen omaa joukkuettaan vastaan. Tähän piru sai vastauksen: "Totta kai haasteenne otetaan vastaan, mutta ei teillä mitään mahdollisuuksia ole. Meillä täällä taivaassa on kaikki maailman parhaat pelaajat." Tähän piru vastasi: "Ehkäpä, ehkäpä, mutta meillä tällä puolella on kaikki tuomarit."

Se, missä istisjoukkueessa kukin tuonpuoleisessa pelaa, ei välttämättä ratkea yllämainitulla valintamenettelyllä, joten kaikkien kannattaa tsempata vähän joka osa-alueella, jotta paikka taivaan joukkueessa aukeaisi.

VanLe-Tuomarit ottelu alkoi tuomareiden hallinnalla. Joukkueemme ei kuitenkaan päästänyt vastustajaa karkuun, ja jossain vaiheessa otimme ottelun hallinnan itsellemme hyvän pisteputken ansiosta. Ensimmäinen erä niukasti, mutta varmasti VanLelle. Toisessa erässä sama tahti jatkui. Ajoittain näyttävääkin peliä esittäneet tuomarit joutuivat myöntämään Vanlen paremmakseen eräluvuin 2-0. Vanle kokeneempana joukkueena pystyi rokottamaan tuomareiden virheistä, ja sen turvin käänsi toisenkin erän itselleen.

Nyt tuli vähän huono omatunto, kun vähän laskin leikkiä tuomareiden kustannuksella tuossa aikaisemmin. Lentopallotuomarit ovat hienoa väkeä. Heitä voi jopa verrata ylvääseen maamme siniristilippuun. Tässä vertailussa lippumme saattaa jopa jäädä kakkoseksi, ja tiedättekö mistä se johtuu? No lentopallotuomarilla ja siniristilipulla on se ero, että ne molemmat kyllä heiluvat tolpan nokassa, mutta tuomari on näistä ainoa, joka osaa viheltää. Ovat he mainiota porukkaa siis.

Seuraavassa ottelussa kotijoukkue LAMK tuli joukkuettamme vastaan. Ensimmäisessä erässä LAMK ei saanut peliään millään rullaamaan, ja etukenttäpelaajat olivat verkossa enemmän kuin nörtit ovat verkossa Assembly-tapahtumassa. Okei, minä liioittelin. Mikään tai kukaan ei ole niin paljon verkossa, kuin nörtit

Assembly-tapahtumassa. Jos sinä kuulut tähän kategoriaan, niin älä suutu ja rupea rustaamaan vihaista kirjettä minulle asiasta. Sinun kannattaa mieluummin ruveta valmistautumaan kyseiseen tapahtumaan, joka alkaa tätä kirjoitettaessa tasan kolmen kuukauden, 17 päivän, kahdentoista tunnin ja yhden minuutin kuluttua. No hard feelings.

Ottelun toisessa erässä koin jotain sellaista, mitä en ollut koskaan kokenut istiksen parissa. Jouduin penkille. Poikkeuksellisesti meitä oli paikalla 7, joten joku meistä joutui aina istumaan vaihdossa. Nyt se nakki napsahti minulle. Sen verran jännitti, että suurimman osan ajasta olin jossain muualla kuin kentän laidalla, joten en tästä muuta osaa sanoa kuin että VanLe voitti. Siis VanLe voitti jopa ilman minua tai ehkä juuri sen takia. Riippuu vähän keneltä asiaa kysyy. Jos kysyy tuomareilta, Suomen lipulta tai nörteiltä, niin heidän vastauksensa tähän kysymykseen on varmasti täysin poikkeava omastani.

Kolmas ottelu meillä oli Lappeenrannan ESI CCCL:ää vastaan. Ottelu päättyi perinteitä noudattaen tasan. VanLe vei ensimmäisen erän pisteellä ja ESI toisen vähän selkeämmin. Mitenköhän näiden joukkueiden välille saataisiin jokin ero? Ajattelin ehdottaa voittajan ratkaisemista kädenvääntökisana, mutta sitten tajusin, että eihän se käy päinsä. Ensi kauden ykkössarjassa olisi sen jälkeen aika vähän joukkueita, kun 6 Vantaan ja 6 Lappeenrannan pelaajaa parantelisivat leikattuja olkapäitään. Lentopalloilijoiden olkapäät ovat tunnetusti siinä kunnossa, että niillä ei paljon kannata ruveta kellekään rehentelemään. Paremmuus on siis yritettävä selvittää pelikentällä. Paljonkohan joutuisi maksamaan Juhani Tammiselle, jotta hän tulisi motivoimaan joukkuettamme, ja näin saisimme sen pienen ylimääräisen tsempin, jolla taiston voisimme voittaa. Ehkä kuitenkin halvemmaksi tulisi palkata Jörn Donner motivoimaan vastustajaa, ja tämän ansiosta joukkueemme saisi sen niskalenkin heistä.

No niin. Turnaus jatkui ,ja Kotkahan se seuraavaksi saapui verkon toiselle puolelle. Kotka, joka oli voittanut tähän asti kaikki 1-sarjan turnaukset, oli pieni peikko Vanlelle. Ensimmäinen erä hävittiin lähes sovinnolla. Koko ajan muutaman pisteen perässä ollut VanLe ei missään vaiheessa oikein kunnolla edes taistellut erävoitosta. Toisessa erässä me sitten heräsimme huomaamaan, että eihän tämä Kotkan joukkue nyt mikään ihan ylivoimainen ole. Toisessa erässä nähtiin VanLelta sellaista taistelua, millä otettiin niukka 25 - 24 erävoitto. Ratkaisevan pisteen löi vastustajan kenttään Pertti, Katin hyvästä passista. Jos tuo suoritus ei ollut Pertin lentopallouran yksi kohokohdista, niin sitten täytyy sanoa, että on se kova jätkä. En minä sitä tosin ääneen suostu sanomaan tai ainakaan sellaisella paikalla, missä olisi joku kuulemassa. Tämä ihan sen takia, ettei se Pertti nyt ihan kadottaisi kosketustaan tähän todelliseen maailmaan ja leijuisi omassa menestyksessään.

Edellisellä sivulla kuva siitä kovasta taistelusta, jolla toinen erä Kotkaa vastaan voitettiin. Vahvasta iskulyöntipelistä tunnetut kotkalaiset pysähtyvät VanLen torjuntaan. Kyllä hyvä torjunta- ja puolustuspelaaminen lisäävät entisestään taistelutahtoa. Se on vähän sama, kun joku epätoivoisesti yrittäisi iskeä naista baarissa ja tulee torjutuksi. Nainen, siis torjuja, saa hyvän mielen siitä, kun on vähän saanut näpäyttää jotain ylimielistä uk- koa. Mies, tässä tapauksessa siis iskijä, puolestaan saattaa men- nä tästä ihan lukkoon, ja hän luovuttaa taistelun siltä illalta muidenkin naisten osalta. Kyllähän te tiedätte miten se menee. Eiköhän tämä ole joskus ollut aiheena Dr. Phil:ssä.

Koko turnauksen ajan oli näyttänyt siltä, että turnaus huipentaa koko 1-sarjan yllättävänkin tiukkaan päätökseensä. Tilanne kääntyi koko ajan tiukemmaksi, ja pistetilanteen laskeminen oli yhtä kiharaista kuin David Hasselhoffin rintakarvat. Ottelu ESI CCCL-KSI Kotka oli VanLen loppusijoituksen kannalta todel- la ratkaiseva. Tärkeintä ottelussa oli se, että se ei päättyisi tasan. Muutoin olisi voinut käydä niin, että Kotkan, Vantaan ja Lap- peenrannan porukat olisivat voineet päätyä tasapisteisiin, ja sitten olisi laskettu eräpisteitä. Niissä, jos Lappeenranta olisi ollut paras ja Kotka toinen, niin VanLe olisi tippunut koko- naispisteissä Lappeenrannan perään. Tästä johtuen ikenet veril- lä kynsien pureskelusta seurasimme kyseistä ottelua. Onneksi Lappeenranta ei ruvennut taktikoimaan vaan vei molemmat erät nimiinsä ja varmisti turnausvoiton. Samalla varmistui myös se, että VanLe tulisi turnauksen ja koko 1-sarjan hopeasijalle, mikäli voittaisimme Team Finlandin koko kauden viimeisessä ottelussa.

Team Finland ei ollut esittänyt parastaan Lahden turnauksessa ja VanLe lähtikin otteluun ennakkosuosikkina. Paineet kuiten- kin olivat kovat, sillä olimme pakkovoiton edessä, ja tässä lajis- sa voi tapahtua mitä vain. Onneksi saimme hyvän startin otte- luun ja taisimme johtaa sitä jo 7-1. Sen johdon pystyimme säilyttämään hyvällä keskittymisellä omaan peliimme. Ensimmäinen erä siis VanLelle.

Toinen erä lähti meiltä hieman haparoiden liikkeelle, mutta rutiini riitti ottelun 2-0 voittamiseen. Tällä tuloksella siis nousimme turnauksen ja koko 1-sarjan hopealle. Tästä on komea pysti todistuksena minun eteisen lattialla. Ehkä sille vähän parempi paikka löytyy jossain vaiheessa.

Nyt kausi on siis takana ja VanLe on saavuttanut hienoa menestystä tämän upean lajin parissa, vaikka seuramme ottaa vasta ensiaskelia istumalentopallon saralla. Toivottavasti kaikki aktiiviset pelaajat jaksavat jatkaa ensi kaudellakin. Meillä on kuitenkin puolustettavana naisten SM-pronssi, miesten 1-sarjan hopea ja Kotka-turnauksen B-sarjan mestaruus. Mielestäni kaikki turnaukset, joissa olen ollut mukana, ovat olleet todella hauskoja ja hyvähenkisiä tapahtumia. Meidän joukkueemme on nauttinut pelaamisesta täysin siemauksin, kun hyvän tunnelman lisäksi ottelut ovat olleet tiukkoja ja jännittäviä.

Lahden turnaus päättyi tanssiesitykseen, jonka LAMK:n opiskelijat esittivät. Vaikka tanssi näytti hyvältä ja kaikilla oli hauskaa, niin en silti suostu luopumaan omasta mielipiteestäni, jota yritän levittää maailmalle. Siinä missä doping on urheilun ja Ringo Starin sooloura on Beatlesin, niin tanssi on musiikin lieveilmiö. Tätä mieltä olen tällä hetkellä lähinnä siksi, että minun pitäisi elokuuhun mennessä oppia tanssimaan valssia. Ja minkä ihmeen takia? No sen, että joku muu menee naimisiin. Sitä voi olla vaikea käsittää, mutta niin ne asiat tässä maailmassa menevät. Minä luulen, että nämä tällaiset asiat ovat syynä siihen, että maapallo pyörii akselinsa ympäri 23 asteen kulmassa. Siis vähän vinksahtaneesti. *(Tähän sellainen päivitys nyt jälkikäteen, että en oppinut, enkä tanssinut valssia yllämainituissa häissä. Tämä ukko sinnittelee vielä!)*

No nyt karkasin taas vähän aiheesta. Sanomani piti, että kiitos kaikille kuluneesta kaudesta. Toivottavasti seuraava on vähintään yhtä hieno kuin tämä päättänyt kausi. Istiksen parissa tavataan.

Terveisin

Saku Ilvonen
Vantaan Lentopallo
nro 22

Lahden turnauksessa 12.4.2008 hienosti VanLen porukassa taistelivat:

Pertti, Tarmo, Jari, Mika, Maija, Kati, Saku

Yhteenveto kaudesta 07–08

Nyt oli siis kausi turnausten osalta paketissa. Harjoitukset jatkuivat vielä, mutta vähitellen oma harjoituksissa käymiseni väheni. Syynä tähän oli yksinkertaisesti se, että kesälajit alkoivat kohdaltani painaa päälle, ja ne oli asetettava etusijalle. Itselleni on muutenkin tärkeää pitää lajeista aina pieni tauko kauden ulkopuolella, jotta ne eivät alkaisi maistumaan puulta. Näin ollen lähes koko kesä- ja heinäkuun pidin taukoa. Kauden 2008–2009 tulisi avaamaan Marjola Beach, johon VanLe lähtisi kahdella sekajoukkueella.

Palataan kuitenkin nyt vielä kauteen 2007–2008. Kaudesta jäi siis VanLelle käteen naisten SM-pronssi, miesten 1-sarjan hopea, sekä miesten Kotkaturnauksen B-sarjan voitto. Tuo oli kyllä meille niin huikea suoritus ensimmäisellä kaudellamme, että se ylitti kaikkien odotukset. Tästä on vaikea lähteä parantamaan, mutta tietenkin se on tavoite. Eteenpäin on mentävä. Kehitettävää kyllä on paljon. Lähdetään ihan liikkeelle siitä, että missä asennossa jalkojen pitäisi olla missäkin tilanteessa. Yleensä ne ovat vain tiellä.

Tässä kirjassa on käyty aika tarkkaan läpi tapahtumia turnauksista, mutta harjoituskaudelta ei niinkään. Ehkä olisi nyt aika vähän valaista sitäkin puolta. Ensimmäinen yksittäinen tapahtuma, mitä muistan harjoituksista, on se, kun iskulyöntini osui aika kipeästi keskelle Marin kasvoja. Musta silmä on ehdottomasti hienoin urheiluvamma, mitä voi saada. Tällä kertaa Mari välttyi siltä, mutta ehkä häntä vielä jokin päivä onnistaa. Musta silmä näyttää aika hurjalta, ja sillä voi kauhistutella työkavereitaan ja sukulaisiaan. Sitten kylmän viileästi voi sanoa: "Eihän tässä mitään. Rapatessa roiskuu." Tällöin ihmiset ajattelevat, että onpa siinä kova kaveri. Mustaa silmää voisi myös pitkään muistella, kun kertoillaan mitä sattumuksia on harrastusten parissa käynyt. Näistä jutuista jää hyvä mieli kaikille.

Hyvä mieli minulle ei jäänyt seuraavasta tapauksesta. Siitä jäi traumoja. VanLessa miehet ja naiset harjoittelevat yhdessä samalla vuorolla. Nyt joku nero oli keksinyt, että näissä harjoituksista kauimmainen pukukoppi on naisten ja lähempi miesten. Aina muulloin ne ovat olleet ja tulevat jatkossakin olemaan toisinpäin. Minulle ei tästä vaihdosta kerrottu ja enköhän sitten pamauttanut itseni keskelle naisten pukuhuonetta. Siitä tuli vähän sanomista, vaikka olin täysin syytön tapahtumaan. No tästä lähtien ainakin olen hyvin tarkka siitä, mihin menen pöksyjäni vaihtamaan.

Tämä tarina ei liity mitenkään harjoituksiin, mutta istumalentopalloon kyllä. Olin orjatyövoimana Baltic Sea – juniorilentopallotapahtumassa. Siellä erään venäläisen joukkueen valmentaja tuli heikolla englannilla kysymään minulta seuraavaa: "One of our player left her foot here. Have you seen it?" Hänen tietysti oli tarkoitus sanoa, että kenkä oli hukassa, mutta hän puhuikin jalasta. Kyllä siinä vähän rupesi hymyilyttämään, kun tajusin, että istumalentopalloturnauksessa näinkin voisi käydä. Se olisikin vähän kalliimpi reissu. Lentopallokengät, vaikka kalliita ovatkin, eivät varmasti hinnoissa ole läheskään jalkaproteesien luokkaa. Kannattaa siis pitää huolta omaisuudestaan.

Nämä jalka-asiat eivät jääneet tuohon Baltic Sea turnaukseen. Jossain istumalentopalloturnauksessa istuin pukukopissa ja kysyin jotain kulman takana olleelta pelaajalta. Hän ei vastannut mitään ja kysyin asiaa uudestaan. Vieläkään ei tullut vastausta. Vähän sitä ihmettelin, mutta syykin mykkäkouluun selvisi pian. Penkillä ei ollut pelaaja, vaan siinä oli pystyssä pelikassi ja sen vieressä jalkaproteesi.

Omaa kauttani hieman varjosti Vantaan turnauksessa telottu sormi. Löin palloa niin paljon, kuin kädestä lähtee, ja se osui pelkkään peukaloon, joka vääntyi. Ei siinä mitään pahempaa käynyt, mutta kipua riitti usean kuukauden ajan ja sormilyönti piti suorittaa ilman oikean peukalon apua. No sainpahan tekosyyn sille, miksi ne sormilyönnit karkailivat minne sattuu. Nyt tässä, kun odottelen tulevaa kautta ja sen avausta Marjola Beachia, niin on hyvää aikaa keksiä uusia tekosyitä tulevan kauden epäonnistumisille:

Marjolassahan pelataan ulkona rannalla, joten sinne nyt keksii helpolla ihan perinteisiä syitä. Aurinko paistoi silmään, tuuli vei palloa, ohikulkevat naiset bikineissään häiritsi keskittymistä ja hyvä grillimakkaran tuoksu sekoitti loputkin aistit. Eihän siinä kenelläkään ole helppo pelata. Lopuksi voi syyttää tuomareita, joita Marjolassa ei käytetä, vaan joukkueet itse tuomitsevat ottelut. Siis kerrankin, kun niitä tuomareita tarvittaisiin, niin he eivät ole paikalla.

Sitten myöhemmin, kun siirrytään takaisin sisätiloihin, niin samat selitykset eivät enää kelpaakaan. Matkalla turnauspaikalle on ehkä kuunneltu radiokanavaa, joka ei ole ollut mieleinen. Tästä syystä korvassa sijaitsevat tasapainoelimet ovat järkyttyneet, ja se vaikuttaa tietenkin peliin.

Jos kuskin ajotapa ei puolestaan miellytä, niin kauhukahvassa roikkuminen väsyttää kättä niin, että sormi- tai hihalyönnistä tulee toispuoleinen, jolloin pallon suunta on mikä on. Lyönnin mennessa pitkaksi, on syyna televisiovakivalta ja heavy-musiikki. Nämähän tunnetusti kasvattavat aggressioita, ja näin omia voimia on mahdoton hallita. Tässä kohdassa ei edes kannata ottaa puheeksi Suomen valtion osuutta asiaan. Tiedättekö te, että mitä kaikkea meidän juomaveteen lisätään? No en tiedä minäkään, mutta jotain siinä täytyy olla. Täällä ihmiset matkustavat junalla Myyrmäestä Malminkartanoon ehkä kahden kilometrin matkan ja maksavat siitä ilosta 3,80e, ja tätä lukiessasi varmasti vielä enemmän. Nämä samat ihmiset ovat niitä, jotka odottavat hampaiden paikkausta vuoden päivät, ja jotka tekevät raskasta työtä pienellä palkalla päivästä toiseen. Ei ihme, jos välillä vähän epäonnistuu jossain.

Vielä pienenä vinkkinä koskien tekosyitä sanottakoon, että aina välillä kannattaa tunnustaa oma virheensä rehellisesti. Muuten alkaa uskottavuus jossain kohden kärsiä. Vielä parempi on, jos välillä otat jonkun muun tekemän virheen omalle kontollesi. Tällöin luot itsestäsi sympaattisen kuvan, ja voit näin ollen vähitellen nousta joukkueesi henkiseksi johtajaksi. Tällaista pelaajaa muut katsovat ylöspäin, ja silloin ei enää virheitä paljon tarvitse selitellä. Pelaajat tietävät sanomattakin, että syy oli jossain muussa kuin sinussa. He ehkä menevät itseensä tekemäsi virheen jälkeen ja nostavat oman pelinsä tasoa. Joukkueesi pärjää paremmin, ja kaikki on sen ansiota, että sinä olet taitavasti manipuloinut joukkueesi luulemaan sinua korvaamattomaksi.

Kaudesta 2007–2008 jäi siis käteen hyviä sijoituksia, hauskoja turnauksia, rankkoja treenejä ja koottuja selityksiä. Omalta kohdaltani kausi päättyi lähes kaksi kuukautta kestävään kesätaukoon, jonka aikana muut urheilulajit veivät minut mukanaan. Vähitellen aloin jo odottamaan tulevaa kautta ja sieltä se sitten tulikin.

Kausi 2008–2009

Kausi 2008–2009 lähtee liikkeelle Marjola Beach – turnauksella 19–20.7. Kyseiseen turnaukseen Van-Lelta lähtee kaksi joukkuetta. Toisessa pelaavat kokeneemmat Tarmo, Jari ja Mari. Minun joukkueeseeni kuuluu itseni lisäksi Kati ja Mika. Toisin kuin tulevissa 1-sarjan turnauksissa, niin tässä turnauksessa ei ole muuta tavoitetta kuin pitää hauskaa. Istumalentopallobeach on lajina joukkueelleni täysin tuntematon, ja sääntöjen muistamisessakin tulee olemaan vaikeuksia.

Marjolasta alkaa kauteen valmistautuminen elokuun harjoituksilla. Tässä vaiheessa ei vielä ole tiedossa tulevaa otteluohjelmaa, mutta vähän toivoisin, että tällä kertaa ei tarvitsisi odotella marraskuulle asti ensimmäisiä otteluita. Olisihan siinä välissä tietenkin Suomen Cup, mutta siellä joukkueet ovat liian kovia meidän tasoon nähden, ja näin se reissu taitaa jäädä tekemättä.

1-sarjaan VanLe tulee lähtemään taistelumielellä. Ei voitane sanoa, että sarjan voitto kiiluu silmissä, mutta tavoitteet ovat eräkohtaisia. Jokaisessa erässä pitää pystyä pelaamaan sellaista peliä, jolla voidaan vastustaja haastaa. Mikäli erä hävitään, niin sen täytyy johtua siitä, että vastustaja on hyvä. Omalla huonolla pelillä ei vastustajalle voittoja haluta antaa.

Marjola Beach

Vaikka VanLen kaksi joukkuetta lähti Marjolaan pitämään hauskaa, niin näytti silti siltä, että osittain tosissaankin tässä oltiin. Ensimmäiset merkit tästä saatiin, kun Jari ehdotti minun porukkaani VanLen ykkösjoukkueeksi. Tämän hän kyllä perusteli jotenkin niin, että meidän nuorten pitää ruveta kantamaan vastuuta joukkueen menestyksestä.

Minusta Jari kuitenkin selvästi teki taktisen vedon. Hänen kommenttinsa tuli nimittäin heti sen jälkeen, kun oli nähnyt turnauksen lohkojaon. VanLe 1:sen kanssa samaan lohkoon arvottiin KSI Kotkasta, Liettuan ykkösjoukkue ja Team Jokinen Sysmästä. VanLe 2:sen kanssa taistoon käy Araldit Helsingistä, Liettuan kakkosjoukkue ja ESI CCCL Lappeenrannasta. Paperilla VanLe 1:sen lohko on kovempi. KSI taistelee varmasti mestaruudesta ja luulisi, että Liettuan ykkösjoukkue on kakkosjoukkuetta kovempi. Team Jokinen oli vielä tässä vaiheessa täysin tuntematon villi kortti. Jari varmasti halusi myös pelaamaan helsinkiläistä joukkuetta vastaan, koska uskon hänen tuntevan tuon joukkueen metkut ja näin VanLe 2:nen saisi siitä pientä etua. On se Jari aika velmu. Onneksi normaalisti saan pelata hänen kanssaan samalla puolella.

Taktikointi "kakkosjoukkueen" osalta ei jäänyt tähän. Mari meni ilmoittamaan minut ykkösjoukkueen kapteeniksi ja Jari hoitaisi samaa hommaa kakkosessa. Jari kokeneena kettuna ei tietenkään ole moksiskaan, mutta minullahan tuli heti löysät housuun. Ei siinä kapteenin hommassa muuten mitään, mutta olen vähän sitä mieltä, että turnauksessa jossa ei ole tuomareita, kapteenin tehtävä on hoitaa keskustelu vastustajien kanssa epäselvissä tilanteissa. Kyllä minä keskustella osaan, mutta noiden sääntöjen kanssa on vähän niin ja näin. Jotta sujuva otteluiden läpivieminen olisi mahdollista, pitäisi kapteenille olla nämä säännöt tuttuja. Nyt, kun tällä asialla sain stressata itseäni, niin eihän se voi olla vaikuttamatta peliesityksiini.

Edellisen sivun kuvassa sitten nähdäänkin, mitä käy kun ei muista sääntöjä. Olen juuri lyönyt pallon sormilyönnillä yli verkon, mikä on beachissä kiellettyä. Vastustajalle piste ja minulle arvokasta kokemusta, jos sen haluaa näin nätisti sanoa.

Valmistautuminen tähän turnaukseen oli hieman erilainen kuin normaaleihin istumalentopalloturnauksiin. Yleensä harjoittelu tapahtuu yhdistämällä lajiharjoittelu ja yleiskuntoharjoittelu sopivaksi sopaksi. Nyt lajiharjoittelua ei suoritettu lainkaan.

Kovan kuntoharjoittelujakson jälkeen oli aika pitää palautuspäivä ilman minkäänlaista urheilua. Tämä päivä oli siis lauantaina alkavaa turnausta edeltävä perjantai. Samalle päivälle osui mainiosti Iron Maidenin konsertti, jonne olin menossa. Pelkän fyysisen levon lisäksi oli myös hyvä nauttia palautusjuomaa. Tällaisia juomia ovat mm. Gatorade, Powerade ja Koff. Näistä ainoastaan jälkimmäistä saa palautuspullossa, joten päätin ottaa sitä, koska ympäristönsuojelu on lähellä sydäntäni. Ongelma tämän palautusjuoman kanssa on se, että tämä palautusjuoma vaatii yleensä ainakin yhden palautusjuomasta palautumispäivän, ja sellaiseen minulla ei tällä kertaa ollut aikaa. Sen takia päätin nauttia kyseistä juomaa vähemmän, kun mitä todellisen rentoutumisen saavuttaminen olisi vaatinut.

Kun Iron Maidenin keikan jälkeen olin menossa kotiin, viereeni istui mies, joka selkeästi oli nauttinut tarvittavan määrän palautusjuomaa kokonaisvaltaisen rentoutumisen saavuttamiseksi. Heti istuuduttuaan hänen kaikki lihaksensa rentoutuivat, hän vaipui syvään uneen ja täydellinen palautuminen alkoi. Ongelma tässä oli se, että hän koko ajan meinasi kaatua päälleni. Pidin häntä jonkin aikaa pystyssä, kunnes korjasin hänen asentonsa suoraksi. Täydellisesti rentoutunut urheilijanuorukainen ei tästä välittänyt vaan jatkoi uniaan. Bussi kuitenkin kääntyi äkisti ja tämä suomalaisen urheilun suurlupaus mätkähti selälleen bussin lattialle. Ei hänelle käynyt kuinkaan, mutta silloin tajusin, miksi huippu-urheilijoita harvemmin näkee julkisissa kulkuneuvoissa.

Huippu-urheilijoille palautuminen on erittäin tärkeää, ja tätä tehostaakseen he nauttivat runsaasti palautusjuomaa. Mikäli he tulisivat tavalliseen bussiin istumaan, niin eihän siitä hyvää seuraisi. Pahimmassa tapauksessa täydellistä rentoutumista hakeva urheilija voisi bussin heilahduksen takia joutua lopettamaan uransa, koska hän mätkähtäisi lattialle ja hajottaisi paikkansa. Tästä syystä useilla urheilujoukkueilla on omat bussit, joilla he liikkuvat paikasta toiseen. Tällä omalla bussilla ei ole niin väliä, mutta heillä on tähän tarkoitukseen koulutettu bussikuski, joka pystyy ajamaan niin tasaisen taidokkaasti, että urheilijoiden palautuminen ei häiriinny.

Yksi syy, miksi Helsingin IFK ei ole viime vuosina kovinkaan hyvin menestynyt jääkiekossa, on se, että vuonna 2006 jäähytuomiostaan tulistunut Tony Salmelainen heitti kentältä poistuessaan vahingossa roskakorilla HIFK:n bussikuskia päähän. Tältä murtui tilanteessa nenä ja kaksi hammasta. Tämä on vaikuttanut niin paljon hänen ajamisensa tasapainoon, että HIFK:n joukkue selkeästi kärsii tästä. Pieni äkkinäinen liike ja parikymmentä palautumassa olevaa IFK pelaajaa makaa pitkin ja poikin bussin käytävää. Vähemmästäkin paikat on kipeänä ja keskittyminen seuraavaan koitokseen on hyvin vaikeaa.

Kuten jo aikaisemmin mainitsin, urheilijat nauttivat paljon palautusjuomaa. Tästä syntyy kuitenkin ongelmia urheilu-uran jälkeen, jos liikkuminen vähenee, mutta juoman nauttiminen pysyy edelleen samanlaisena. Tästä hyviä esimerkkejä ovat olleet Matti Nykänen, Mika Myllylä ja Juha Kankkunen. Kaikille liiallinen palautusjuoman nauttiminen urheilu-uran jälkeen on aiheuttanut vaikeuksia. Joku saattaa muistaa vaikka Mika Myllylän tempauksen, josta 7-päivää lehden sivuilla kerrottiin kuvien kera. Mika oli nauttinut reilusti palautusjuomaa. Hän oli liian rentoutunut, eikä pystynyt hallitsemaan pyöräänsä ja päätyi ojaan. Tämä on siis vain yksi monista tapauksista, ja näitä tapahtuu jatkuvasti entisille huippu-urheilijoille ympäri maailman.

Lauantaiaamuna kello soi 5.45. Noin viiden tunnin mittaiset vähän vähemmän piristävät yöunet oli takana, ja valmistautuminen lähtöön alkoi takkuillen. Sängystä nouseminen oli todella rankkaa ja motivaatio tehdä yhtään mitään oli täysin kateissa. Suihku hieman helpotti elämää, mutta oikeastaan vasta, kun päästiin tien päälle, olo alkoi olla jo hieman innostunut.

Perillä Marjolassa oltiin hyvissä ajoin. Huoneet saatiin saman tien, ja majoittumisen jälkeen oli vuorossa kapteenien palaveri. Siellä käytiin läpi käytännön asioita, jotta turnaus saataisiin mutkattomasti vietyä loppuun asti. Ainoa murhe tässä vaiheessa oli se, että Puolan joukkue oli kadonnut jonnekin. Ehkä sekin vielä löytyisi ennen ensimmäisiä otteluita.

Lauantaina sää oli aivan uskomattoman hieno. Aurinko paistoi, ja jo lämmittelyssä hiki iski pintaan rankasti. Varjossa oli sitten hieman viileämpi, joten sinne hakeuduttiinkin otteluiden jälkeen vähän jäähdyttelemään.

Liettuan ykkösjoukkue oli se joukkue, joka ensimmäisenä tuli meidän joukkuettamme vastaan. Tai itse asiassa siinä kävi niin, että meidän joukkue oli tässä ottelussa se vastaantulija. Vaikka istumalentopallosta meillä on vähän kokemusta, niin tämä beachistumalentopallo osoittautui ihan eri lajiksi. Ensimmäinen ottelu meni täysin totuttelun piikkiin. Itse asiassa neljä ensimmäistä ottelua meni totuttelun piikkiin, mutta sitähän me ei vielä tässä vaiheessa tiedetty.

Tunnelmaa ensimmäisen ottelun jälkeen voitaisiin verrata vaikka siihen tunnelmaan, mikä syntyy kun ihminen joutuu vankilaan. Silloin varmasti oma sählääminen harmittaa vietävästi ja olisi mieluummin kotona, mutta tehty mikä tehty. Tulipahan nyt sitten ilmoittauduttua tähänkin turnaukseen ja täällä ollaan, eikä muuta voida. Paluuta ei ole. Onneksi tuo tunne ei kestänyt kuin hetken. Tunnelma hieman kohosi, kun VanLe 2 kukisti Liettua kakkosjoukkueen suhteellisen varmalla pelillä. Siitä heräsi usko siihen, että kyllä tästä vielä noustaan, eikä varmasti jäädä turnauksen viimeisiksi.

Tässä kuvassa Mika näyttää, miten hyökkäys pysäytetään. Valitettavasti hän otti tuon sanonnan liian kirjaimellisesti, ja näin hyökkäys pysähtyi torjunnan käsien väliin, eikä vastustajan kenttään niin kuin oli tarkoitus. Tästä piste vastustajalle. Ehkä tähän tilanteeseen olisi sopinut paremmin Mikan jo aikaisemmin lanseeraama "jalat kohti kattoa" puolustus. Mika olisi voinut kokeilla torjua tätä hyökkäystä siis jaloillaan. Lopputuloksena olisi kyllä silloinkin varmasti ollut piste vastustajalle, mutta myös tästä olisi varmasti saatu hieno valokuva, mitä muut olisivat sitten saaneet ihmetellä. Me VanLessa ei enää ihmetellä Mikan tempauksia. Meillä näitä kutsutaan normaaleiksi pelitilanteiksi.

Toisessa ottelussa oli kotkalaisten vuoro kylvettää meitä. Ei kulkenut peli sitten millään. Olivathan he parempia joka osa-alueella, mutta silti omat tyhmyydet olisivat voineet jäädä vähän vähemmälle. Nyt jouduttiin kokemaan jotain sellaista, mitä edellisellä kaudella emme olleet kokeneet lainkaan. Olimme tappioputkessa.

Tappioputki on vähän niin kuin katkennut kylkiluu. Se harvemmin on mitenkään hengenvaarallinen, mutta kuitenkin se on yleensä erittäin ikävä ja vaikeuttaa kaikkea tekemistä. Siinä, missä katkennut kylkiluu paranee ajan kanssa, niin samalla tavalla myös loppuu tappioputkikin. Jos tappioputki ei millään katkea, niin siinä vaiheessa mieleen tulee lajin vaihto. Jos kylkiluu ei parane, niin mieleen tulee lääkärin vaihto. Kovasti on yhtäläisyyksiä kahdella asialla, jotka eivät ole missään tekemistä toistensa kanssa. Siinä suhteessa tappioputki ja murtunut kylkiluu ovat eronneen pariskunnan kanssa hyvin samanlaisia. Heillä voi olla vaikka yhteinen lapsi ja asuntolaina, mutta he eivät ole edes puheväleissä.

Odottakaahan hetki vielä. Yritän todistaa teille yhden asian. Kohta näette minkä. Eronnut pariskunta asuntolainoineen on kuin Risto Rinne. Molemmat ovat nesteessä. Eronnut pariskunta on siinä korviaan myöten ja Risto Rinne on Nesteen toimitusjohtaja. Entä mitä yhteistä voi olla Risto Rinteellä ja Suomen presidentin kesäasunnolla Kultarannalla. No molempien kotipaikka sijaitsee Naantalissa. Kultarannassa kesiään vietti myös Mauno Koivisto. Lentopallo kuului hänen suosikkiharrastuksiinsa. Istumalentopallo on kehitetty lentopallosta. Näin se siis on todistettu. Hieman ihmeellisiä aasinsiltoja käyttäen ja runsaasti mielikuvitusta lisaillen voimme todistaa, etta kaikki tiet vievät istumalentopallon pariin. Ei siitä mihinkään pääse. Turha sitä vastaan on pyristellä.

Pyristely oli kaukana myös kolmannesta ottelustamme. Samaan aikaan, kun kakkosjoukkueemme varmisti paikkansa lohkokakkosina, me ryvimme yhä syvemmällä. Pelistä ei tullut yhtään mitään. Kolmas tappio putkeen, ja hetken tuntui siltä, että päivä on ihan pilalla. Sitten taas muisti, että sauna on kohta lämmin ja sen jälkeen pääsee syömään. Aurinko paistoi edelleen ja vähitellen päivän pettymykset olivat takanapäin. Kesä vei voiton ketutuksesta.

Ketutuksesta puheen ollen, meillä VanLessa ei ole tapana syyttää ketään huonoista suorituksista, vaan päinvastoin kannustaa toisiamme parempiin suorituksiin. Ilmeisesti rajansa kaikella. Marjolan ensimmäinen päivä tarjosi niin heikkoja suorituksia ja vielä huonompia tuloksia, että ehkä huumorintaju oli kovilla ja toistemme kannustus vähissä. Ehkä olen hieman harhaluuloinen, mutta eikö teistäkin näytä, että seuraavassa kuvassa pallosta taisteleva Kati näyttää keskisormea minulle ja Mikalle, jotka ollaan tilanteessa takakentällä. Kati varmasti kieltää kaiken, mutta kyllä yksi kuva selkeästi kertoo enemmän kuin tuhat sanaa.

Lauantai-ilta Marjolassa oli ihan loistava. Sellaista hyvää tunnelmaa, mitä istumalentopalloturnauksista löytyy, on vaikea löytää muualta. Vaikka mukana on joukkueita, jotka tulevat sinne menestymään, niin tunnelma on silti rento ja kaikilla tuntui olevan hauskaa. Toisaalta ehkä tällainen tunnelma löytyy myös olympialaisista, sillä sinne lähtee aina noin viitisenkymmentä suomalaista, joista ehkä kolme lähtee sinne ihan oikeasti menestymään. Muut tekevät parhaansa ja saavat hienoja kokemuksia. Ihan niin kuin me Marjolassa. Ehkä tämän turnauksen voikin rinnastaa olympialaisiin. Marjolassa ei tosin poljeta ihmisoikeuksia kuten vuoden 2008 olympiaisäntämaassa. FREE TIBET! Luultavasti tuolla lauseella varmistin sen, että minun ei tarvitse koskaan matkustaa Kiinaan.

Tässä kuvassa pitäisi näkyä Suomen kesä parhaimmillaan. Nyt tämä näyttää sumuiselta Englannilta. Tosiasiassa taustalla on sauna lämpenemässä ja odottamassa pelaajia. Etualalla kioski, josta saa grillimakkaraa ja jäätelöä. Aurinko porottaa taivaalla ja vihertävät (tässä kuvassa tosin harmaansävytteiset) puut heiluvat kevyesti leudossa kesätuulessa. Vähemmästäkin heikosti sujunut pelipäivä unohtuu.

Hyvin nukutun yön jälkeen herättiin synkkään aamuun. Aurinko oli piilossa ja luvassa oli sadetta. Ilmeisesti järjestäjät eivät olleet tarpeeksi lepytelleet sateen jumala Juha Föhriä ennen turnausta, ja hän soi meille vain yhden aurinkoisen päivän. Ensimmäisten otteluiden aikana ei vielä satanut, mikä taisi olla meidän kannaltamme huonompi asia. Pieni sadekuuro olisi voinut meidät herättää. Oltiin kyllä ihan unten mailla ja pelattiin tyhmästi. Ei vastustajakaan aivan freesinä ollut, mutta heidän kokemuksensa ansiosta voitto meistä irtosi suhteellisen helpolla. Nyt siis tappioputkemme oli kasvanut jo neljän ottelun mittaiseksi.

Epätoivo alkoi jo nousta pintaan. Ei meidän nyt näin huonoja pitänyt olla. Vähitellen alkoi näyttää siltä, että jumbosija kutsuu. Sellainen ei ollut tullut mieleenkään tällä lyhyellä, mutta menestyksekkäällä istumalentopallourallani. Seuraava ottelu olisi Liettuan kakkosjoukkuetta vastaan, ja siinä taisteltaisiin B-sarjan sijoista 5-8, eli kokonaiskisan sijoista 13-16. VanLe 2 oli voittanut tämän joukkueen edellisenä päivänä, joten nyt meidän oli aivan pakko esittää parastamme. VanLe 2 oli päässyt hyvien alkusarjaesitystensä ansiosta A-sarjaan, jossa kuitenkin heti aamusta seinä nousi pystyyn Niittomiesten toimesta. Sitkeästi pyristelleet vantaalaiset olivat voimattomia moninkertaista mestaria vastaan.

Liettuan kakkosjoukkuetta vastaan sitten rupesi peli kulkemaan. Omia typeriä virheitä tehtiin todella paljon vähemmän kuin aikaisemmin ja peli alkoi ensimmäistä kertaa maistua. Meillä oli hauskaa. Se näkyi myös ottelun lopputuloksessa, joka oli puhdas 2-0 meille. Ei siis jääty jumboiksi. Ehkä se olisi ollut kokemus sekin. Jos joskus baarissa olisi sitten törmännyt Kojoon tai siis Nolla-Kojoon, niin olisi voinut mennä taputtamaan häntä olkapäälle ja sanoa, että minä tiedän, miltä sinusta tuntuu. Nyt en tiedä muuta kuin sen, että: "Nuku pommiin niin on helpompaa." Senkin tiedän vain Kojon ansiosta.

Tosiaan me emme jääneet turnauksen jumboiksi, ja pääsimme vielä taistelemaan sijoista 13–14. Ilmeisesti vastustajat olivat nähneet edellisen pelimme onnistumiset ja he eivät uskaltaneet tulla kentälle laisinkaan. Näin tuloksena oli 13. sija. VanLe 2 ei sunnuntaina enää päässyt voittojen makuun ja heille turnauksesta 8. sija. Ensikertalaisilta ei siis mikään ihan surkea suoritus, mutta jos ensi vuonna lähdetään mukaan, niin sitten täytyy vähän tätäkin lajia harjoitella etukäteen, eikä taas ihan kylmiltään tulla turnaukseen.

Tässä vaiheessa vesisade oli jo aika rankka ja päätimme häipyä turnauspaikalta ennen palkintoseremonioita, koska siellä ei meille todellakaan ollut mitään pystiä odottamassa, ja matkaa kotiinkin oli ihan riittävästi. Matkaa piristi taas ABC:n Bonuspannu, jonka tällä kertaa nautin Utin ABC:llä.

Nyt kun on muutaman päivän saanut palautua Marjolan Beach-turnauksesta, niin tunnelmat ovat ihan mitä mainioimmat. Tapahtuma oli hieno ja tunnelma loistava. Pelillisesti olimme heikkoja, mutta onneksi päätavoitteet ovat sisäistumalentopallon puolella. Voi hyvinkin olla, että tämä turnaus ei jäänyt VanLen viimeiseksi esiintymiseksi Marjolassa. Ensimmäisen ottelun jälkeen tosiaan tuntui kuin olisi vankilassa, mutta nyt kuitenkin saattaa käydä kuin niin monelle muullekin, jotka ovat sieltä vapautuneet. Rikos uusitaan, ja tässä tapauksessahan se tarkoittaa ilmoittautumista seuraavan kesän turnaukseen.

Kauteen valmistautuminen

Kauteen valmistautuminen alkoi osaltani peruskuntokaudella, johon liitettiin kaksi tapahtumaa, joista toinen oli tuo Marjola Beach. Marjolaa ennen kuitenkin oli juhannus, josta koko kauteen valmistautuminen alkoi.

Juhannuksena on tapana nollata edellinen kausi ja nauttia runsaasti palautusjuomaa, jotta seuraavaan kauteen päästään lähtemään puhtaalta pöydältä. Tämä juhannus ei ollut poikkeus. Palautumisen lisäksi tänäkin juhannuksena kisailtiin kovasti. Edellisvuoden voimamieskisat mielessä haastetta piti nostaa. Niinpä keksin uuden urheilulajin, jossa yhdistetään kaksi perinteistä lajia, ja otetaan todella miehestä mittaa. Lajin nimi on tikkapunnerrus. Tästä lajista kerron teille, jotta voitte ottaa sen omaan harjoitusohjelmaanne avuksi. Mikäli meinaatte järjestää tässä lajissa kunnon kisoja, niin minulle kuuluu sitten 90 % tuloista.

Tikkapunnerruksessa yhdistetään yllättäen tikanheitto ja punnerrus. Ihanteellinen kilpailijamäärä on 4, mutta tätä voi harrastaa vaikka yksin, tosin se tulee aika rankaksi. Jos kilpailijoita on enemmän kuin neljä, niin suosittelen erilaisten karsintojen suorittamista.

Harrastetikkapunnerruksessa heitetään neljällä tikalla kisailevan ryhmän tason mukaiselta etäisyydeltä niin, että tulokset ovat ryhmän kuntoon nähden sopivia. Idea on yksinkertainen. Se, joka heittää huonoimman tuloksen punnertaa niin monta kertaa, kuin mitä paras tulos oli. Mikäli heikoimpia tuloksia on vaikka kaksi, niin molemmat punnertaa. Jotta kisa ei lopu heti, niin pieniä puolen minuutin levähdystaukoja voi käyttää vaikka aina 5 tai 10 punnerruksen jälkeen. Nerokkainta tässä lajissa on kuitenkin se, että siinä heitetään käänteisessä järjestyksessä. Tämä tarkoittaa sitä, että juuri kun olet punnertanut vaikka muutaman huonon kierroksen takia pari kertaa peräkkäin yli 20 kertaa, niin sinulle lykätään tikat heti punnertamisen jälkeen käteen ja pääset heittämään. Tikanheitto on tällöin huomattavasti hankalampaa. Kädet velttoina on vaikea sihtailla.

Tikkapunnerrus käydään pudotuskisana. Se, joka ei jaksa enää punnertaa, tippuu kisasta. Voittaja on se, joka muiden luovutettua jää jäljelle. Hän voi voittonsa merkiksi punnertaa vielä 20 punnerrusta näyttääkseen, että kyllä täältä vielä olisi löytynyt. Itse olin meidän juhannuskisassa pronssilla neljän kisaajan joukossa. Kisan voitti kaveri, joka tunnetaan myös nimellä TNT, joten en minä huonolle hävinnyt. Hänen palkintokaappiaan koristaa nyt hieno pokaali saavutuksensa merkiksi. Me muut saimme palkinnoksi useiden päivien lihassäryn.

Tikkapunnerrus siis päätti kauden 2007–2008 ja avasi kauden 2008–2009. Marjola Beach oli ensimmäinen istumalentopalloharjoite kyseisellä kaudella, ja sen jälkeen oli parin viikon tauko ennen lajiharjoitusten alkamista. Tässä vaiheessa into kentälle alkoi olla jo aika kova.

Elokuu tuli, ja lopulta sitten päästiinkin harjoittelemaan. Minä tosin loistin lähinnä poissaoloillani. Kaiken maailman reissua sitä kesään saa mahtumaankin. Kävin Saksassa syömässä elämäni suurimman hampurilaisen, Puolassa juomassa pussikaljaa, jota säilytettiin viiden tähden hotellin kylpyammeessa, joka täytettiin jäillä ja Islannissa katsomassa miten tarjoilija onnistui heittämään muutaman minuutin sisään kaksi muffinssia lattialle. Ja kaiken tämän sai kokea alle 3000 eurolla. Pitäisiköhän minun perustaa elämysmatkatoimisto? Minä voin järjestää sinut reissuun, jota et koskaan unohda. Siitä ulosottoviranomaiset pitävät huolen. Voisin myös tarjota ulkomaalaisille turisteille elämyspalveluita Suomessa. Kyllähän niitä lappaa innokkaasti joulupukkia katsomassa, mutta miten olisi pyhiinvaellusmatka Mika Häkkisen aukiolle ja siitä Kaivokselan Kultakaivokseen Freud, Marx, Engels & Jungin keikalle arvailemaan, että onko kyseisen yhtyeen laulusolisti siinä kunnossa, että hän pysyy pallillaan. Myös tämän kaiken voin järjestää alle 3000 eurolla.

Puolustukseksi poissaoloilleni täytyy sanoa, että olin minä myös kipeänä. Olympialaiset pelastivat sen osan lomastani, kun en yskimiseltäni saanut nukuttua. Neljän aikaan pystyi rupeamaan katsomaan kisoja, ja kyllä se maikkarin chatin katsomisen voittaa, tosin tähänkin asiaan varmasti löytyy eriäviä mielipiteitä.

Se vähä, mitä tässä ehti elokuussa ja syyskuun aluksi harjoitte-
lemaan, ei hirveästi poikennut siitä, mitä oli koko edellinen
kausi tehty. Paljon on tehty asioita pallon kanssa, koska sillä
saralla on erittäin paljon parannettavaa. Tämä ei tarkoita sitä,
että harjoituksissa ei olisi hiki tullut. Hiki kyllä lensi edelleen
kaaressa, ja siitä päästäänkin ainoaan asiaan, mikä häiritsee
siinä, että meillä miehet ja naiset harjoittelevat yhtä aikaa. Har-
joituksissa tulee aina tosi kuuma, mutta naisten läsnä ollessa
täytyy tietenkin olla säädyllisesti pukeutunut.

Säädyllinen pukeutuminen ja mukavin mahdollinen pukeutu-
minen harjoitustilanteessa eivät kulje käsi kädessä. Normaalisti
minulla on jalassa istishousut, jotka kyllä ovat ihan loistavat,
mutta eivät täydelliset. Täydellinen peliasu mukavuuden kan-
nalta olisi ehkä jotenkin modifioidut Borat-uimahousut. Aivan
sellaisenaan ne eivät käy sillä lajin luonne on sellainen, että
näitä uimahousuja käytettäessä asun paljaaksi jättämät pakarat
muodostaisivat sellaisen reaktion yhdessä lattian kanssa, että
siitä olisi CERNin fyysikotkin kateellisia. Ne jotka eivät vielä
tiedä, niin Ranskan ja Sveitsin rajalle on rakennettu maailman
suurin hiukkaskiihdytin. Se on 27 km pitkä ja on maksanut
jotain 6 miljardia euroa. Ongelmana on vain se, että vielä tuolla
vehkeellä ei ole onnistuttu hiukkasia kiihdyttämään. Olen aika
varma, että tällä minun systeemillä tässä onnistuttaisiin. Tulok-
sena tosin ei ehkä pystytä selvittämään, miten maailmankaikke-
us syntyi, mutta näin saisimme ainakin aika hyvää tietoa siitä,
että miten asfaltti-ihottuma saa alkunsa. Dollarin kuvat silmissä
jään nyt odottamaan Nobel palkintoani.

Harjoituksissa alkoi näkyä uusia naamoja. Kauankohan kestää,
että nimet jäävät minun päähäni. Hieman olen huolestunut
siitä, että pää on kuitenkin niin täynnä tuota nimitietoa, että
jossain vaiheessa sieltä alkaa nimiä pudota pois. Ensin sieltä
putoaa tietysti ne nimet, mitä ensiksi opin, eli sisarusteni ja
vanhempieni nimet. On se vähän noloa, kun alle kolmikymp-
pinen kaveri ei muista lähimpien sukulaistensa nimiä. No ehkä

ne 020202:ssa tietää, mikä minun äitini nimi on, jos sen satun unohtamaan. Eivätkös ne sellaista palvelua mainoksissaan vähän lupaile?

Kesken kiivaimman harjoituskauden rupesi heräämään sellainen tunne ilmeisesti kaikissa, että olisi kiva päästä pelaamaankin kunnolla. Pikaisin mahdollisuus tähän olisi Muuramessa järjestettävä Suomen Cup lokakuun puolenvälin tienoilla. Siellä tosin pelaisivat Suomen parhaat joukkueet eli vastus tulisi olemaan kovimmasta päästä. Meitä ei kuitenkaan päätä huimaa ja kaikki haasteet otetaan innolla vastaan (paitsi paikka SM-sarjassa).

Heti aluksi tuli hieman ongelmia, kun Kati ilmoitti, että hän ei voi lähteä turnaukseen. Tämä tarkoitti siis, että joukkueesta tipahti pois rutkasti taitoa, ja mikä pahinta, autokuski. Logistiset järjestelmät menivät ihan uusiksi edelliskauden turnauksiin nähden ja siitähän se soppa sitten syntyikin.

Jonkinnäköisiin alustaviin ratkaisuihin päädyttiin. Kaikessa tohinassa vain unohdettiin päättää, että monelta lähdetään. Pikkaisen nämä järjestelyt siis ontuivat ja kuviot olivat sekaisin. Näissä logistisissa ratkaisusuissa mitä oli tehty, oli jo nyt käytetty niin paljon mielikuvitusta, että minä tipahdin jo vähän kärryiltä, vaikka työskentelenkin logistiikka-alalla. Onneksi en näiden kanssa, jotka tämän Suomen Cup-logistiikkapaketin keksivät.

Suomen Cupiin ilmoittautui 6 joukkuetta. VanLen lisäksi mukana tulisi olemaan KSI 1 ja 2, JoLePa, MuurLe ja Rautavaara. Todella kova viisikko, joita vastaan jokaisesta pisteestä joudutaan taistelemaan tosissaan. Sääli, että pääkaupunkiseudulta ei muita joukkueita turnaukseen lähde. Helsinki luopui jopa mestaruussarjapaikastaan. Istumalentopallossa, eikä myöskään tavallisessa lentopallossa tällä hetkellä pääkaupunkiseudun joukkueet hirveästi juhli. Se varmaankin johtuu siitä, että menestyksekkään lentopallo- tai istumalentopallojoukkueen tarvitsee olla vastustajaansa edellä taistelupalloissa, joita kynnetään kentän pinnasta. Kyllä pääkaupunkiseudultakin löytyy sitä taistelutahtoa, mutta sehän on sanomattakin selvää, että maaseudulta tuleville joukkueille tuo kyntäminen on tutumpaa puuhaa. Sääli, että ruuhkassa istumisesta tai mukamas kovasta kiireestä ei ole hyötyä näissä lajeissa. Niistä meillä on enemmän kokemusta ja saisimme etulyöntiaseman muihin. Ehdotankin tässä pientä sääntöuudistusta. Kentällä pitäisi olla kuuden pelaajan sijaan 15 pelaajaa per joukkue ja samanaikaisesti pelissä pitäisi olla kymmenen palloa. Silloin tästä pääkaupunkiseudun hullunmyllystä olisi meille hyötyä ja voisimme alkaa pärjäämään paremmin. Kansainvälisesti tosin tämä olisi heikko ratkaisu, sillä pääkaupunkiseudun myllytys kalpenee reilusti todella moneen suurkaupunkiin nähden.

Ykkössarjasta SM-sarjaan

Ennen kauden alkua käytiin kovaa vääntöä kabineteissa. Syynä tähän oli joukkuepula. Tämä pula koski nimenomaan SM-sarjaa, sillä edelliskauden joukkueita oli luopumassa sarjapaikastaan niin, että jäljelle jäisi ainoastaan kolme joukkuetta. Eihän mitään arvostettua urheilusarjaa voisi järjestää niin, että kaikille osallistujille olisi tiedossa varmat SM-mitalit. Jotain pitäisi tehdä.

Kabineteissa päädyttiin siihen ratkaisuun, että entisestä ykkössarjasta eli siitä sarjasta, missä VanLekin pelaa, tulisi alempi SM-sarja. Tämän sarjan voittaja pääsisi taistelemaan SM-pronssista ylemmän SM-sarjan kolmanneksi sijoittuneen kanssa. Varmasti ihan toimiva ratkaisu, mutta kyllä tämän on oltava vain ensiapuratkaisu. Muuten tätä hienoa lajia uhkaa sukupuutto.

Harrastajia lajille kyllä tuntuu löytyvän ihan kivasti, mutta kiinnostusta SM-sarjaa kohtaan ei niinkään. Suurin syy tähän on

varmasti pitkät etäisyydet. Hyviä joukkueita löytyy ympäri
Suomen, ja on ehkä ihan ymmärrettävääkin, että näitä kaikkia
joukkueita on hankala saada lähtemään pitkille pelireissuille
useana viikonloppuna, kun vuodessa ei kuitenkaan näitä vii-
konloppuja ole kuin 52 kappaletta. Jotain pitäisi nyt kuitenkin
tehdä, että lajin harrastajat innostuisivat uudelleen kilpailutoi-
minnasta ja että lajin pariin saataisiin lisää ihmisiä. Miten tämä
sitten onnistuu? Ehkä lajista pitäisi kirjoittaa kirja? No sitähän
minä tässä olen koko ajan tekemässä. Valitettavasti en vain
usko, että tämä on ratkaisu kaikkiin ongelmiin.

Toinen vaihtoehto on tietenkin se, että seurat levittävät tietoa
lajista pystylentopalloseuroihin ja invalidien erilaisiin yhdistyk-
siin. Pelkästään liiton harteille ei lajin tulevaisuutta voi jättää,
vaan sen eteen täytyy kaikkien tehdä työtä. Jotta tämä juttu ei
kuitenkaan menisi liian vakavaksi, niin tässä on muutama mi-
nun keksimä aika radikaali ehdotus siitä, että miten tämä on-
gelma voitaisiin ratkaista.

Pyydetään isommat lajit apuun. Jos vaikka saataisiin Veikkaus-
liiga ja Palloliitto tukemaan istumalentopalloa, niin se auttaisi jo
kovasti. Istumalentopallon Suomen mestarille voisi vaikka olla
luvassa jalkapallon Uefa-cupin karsintapaikka. Eiväthän siellä
suomalaiset muutenkaan kovin hyvin pärjää, niin sama se, että
ketä sinne lähetetään. Tällainen pieni järjestely takaisi sen, että
istumalentopallon SM-sarjaan riittäisi tunkua. Parhaille istispe-
laajille uudet seurat tarjoaisivat jopa rahaa, mutta ehdottomasti
parasta tässä systeemissä olisi se, että tällä saataisiin Uefan pre-
sidentti Michel Platinin pasmat täysin sekaisin.

Toinen vaihtoehto olisi ruveta tekemään yhteistyötä tunnettu-
jen artistien kanssa. Jokaisen sarjaan osallistuvan joukkueen
kauden päättävään saunailtaan tulisi esiintymään joku tällainen
artisti. Eihän tämän pitäisi olla mahdoton juttu. Sanoo vaikka
Frederikille, että tämä on hyväntekeväisyyttä ja me lupaamme

ilmoittaa 7-päivää lehdelle, että kuinka hieno hyväntekijä hän on, niin nimet tulevat paperiin hyvinkin nopeasti.

Niin ikävää kuin istumalentopallon joukkuekato ylimmällä sarjatasolla onkin, niin pakko silti tunnustaa, että tämä uusi systeemi kiehtoo minua suuresti. Tiedän, että meidän joukku-eellamme ei ainakaan vielä ole asiaa ylimmälle sarjatasolle, vaikka meitä sinne yritettiinkin houkutella, mutta mahdollisuus päästä pelaamaan pronssista nostaa intoa omaa sarjatasoamme kohtaan. Sitä paitsi on muutenkin hienompaa pelata alemmassa SM-sarjassa kuin ykkössarjassa.

Suomen Cup

Kauden 2008–2009 Suomen Cup pelattiin Muuramessa 18.10.2008. Intoa täynnä olimme valmistautuneet turnaukseen, mutta lauantaiaamuna, kun kello soi 4.20, into oli jostain syystä hieman tiessään. Into kyllä palasi, mutta kyllä tämä sai taas kerran miettimään, että onkohan tässä nyt kaikki inkkarit kanootissa. Jos on, niin ainakin siinä on pieni vuoto.

Samalla, kun yritin paikkailla kanoottini vuotokohtia, Mika kuskin ominaisuudessa teki kierrosta kerätäkseen osan joukku-eesta kasaan. Minä, Mika, Tarmo ja Jari päästiinkin etenemään muutaman kiemuran kautta niin, että lopulta Mikan auto oli parkissa Itä-Vantaalla ja kaksi autollista pelaajia oli menossa turnauspaikkaa kohden niin, että molemmista autoista löytyi kolme henkeä. Aika mutkikas operaatio, mutta kipsi voitiin poistaa jo kolmen viikon kuluttua.

Muuramessa oltiin perillä hyvissä ajoin, mutta menimme ensin väärään urheiluhalliin. Minä ja Tarmo kuulimme siellä lentopal-lon pomputusta, mutta hallissa ei ollut ketään. Siellä siis kum-mittelee. Pakkohan se oli sitten yrittää selvittää, että mikä siellä

kummitteli. Yritin luoda psyykkisen yhteyden Johan Af Gra-
niin, siinä kuitenkaan onnistumatta. Tämän jälkeen mysteerin
selvittämiseen päätin käyttää toista yliluonnollista keinoa, ja
kotiin päästyäni googletin hakusanoilla "Muuramen kummi-
tus". Mitään ei löytynyt. Tämä kummitus näköjään haluaa pitää
matalaa profiilia. Sallittakoon se hänelle. Itselleni tämä joka
tapauksessa oli merkittävä tapahtuma, sillä en aikaisemmin ole
kummituksiin törmännyt. Joskus tosin niin luulin, mutta kum-
mitukseksi luulemani otukset paljastuivatkin black metal- fa-
neiksi, jotka ovat naamansa maalanneet vitivalkoisiksi.

Meillä ei ollut heti otteluita, vaan pystyimme seuraamaan sivus-
ta, kun lohkomme muut joukkueet JoLePa ja KSI 1 kohtasivat
toisensa. Peli oli hieman erinäköistä kuin mitä se on ollut mei-
dän ykkössarjaturnauksissa. Vähän tuli tuskanhiki otsalle ja
ajatukset voitaneen kiteyttää yhteen sanaan: APUA! Tässä sama
vielä kaksoispistekirjoituksena, jotta se avautuisi kaikille…tai
sitten ei.

```
::::::::::::::::::::::::::::::::::::::::::::::::::::::::::::::::::::::::
:::::::::::   :::::::::::           ::::     ::::   :::::::::::    ::::::::::::::::::
::::::::   ::::  :::::::::    ::::   ::::   ::::   :::::::   ::::  ::::::::::::::::
::::             ::::        ::::  ::::  ::::              :::::::::::::
::::   :::::::::::   ::::   :::::::::::   ::::   ::::   :::::::::::    :::::::::::::
::::   :::::::::::   ::::   :::::::::::           ::::   :::::::::::    :::::::::::::
::::::::::::::::::::::::::::::::::::::::::::::::::::::::::::::::::::::::
```

Aika kovilta näyttivät nuo pääsarjatason joukkueet. Mitenkö-
hän meidän mahtaa niiden kanssa käydä? Vähän aavistelin, että
tässä voisi käydä niin kuin Jukka Keskisalolle. Ensin treenataan
kovasti, ja sitten juostaan päin estettä ennen kisoja. No meille
ei nyt niin pahasti sentään käynyt, vaan nämä vastustajat tun-
tuivat olevan se ylitsepääsemätön este, mihin päätämme hak-
kaisimme tai reisiämme niin kuin Keskisalo konsanaan.

Ensimmäinen vastustajamme oli, ei enempää eikä vähempää kuin moninkertainen Suomen mestari KSI 1 Kotkasta. Lämmittelyssä alkoi jo pelko murskatuksi tulemisesta haihtua, ja kun ottelu alkoi, niin tunnelma oli aika loistava ja se näkyi myös kentällä. Pelasimme oikeastaan todella hyvin koko ottelun ajan omaa peliämme parhaimmillamme. Ongelma oli vain siinä, että vastustaja oli niin monta astetta parempi, että lopputulos 2-0 (25–8, 25–8) on vähemmän imarteleva. Tuloksesta viis, me olimme hyviä ja ottelusta jäi hyvä fiilis käteen. Onnistuimme nostamaan pallot passarille hyvällä prosentilla ja rakentamaan roppakaupalla hyviä hyökkäystilanteita. Ongelma oli siinä, että näitä tilanteita ei pystytty käyttämään hyväksi ylivertaista vastustajaa vastaan, ja siitä nuo aika tylyt numerot.

Nyt oli siis turnaus saatu VanLen osalta käyntiin ja seuraavaksi vuorossa olisi toisen pääsarjajoukkueen JoLePan kohtaaminen. Vastus ei siis kovasti heikentynyt edellisestä. Pelin taso sen sijaan laski kovasti varsinkin ensimmäisessä erässä. Ei ehkä meidän puolelta, mutta vastustaja ei kyennyt pelaamaan omaa parasta peliään, ja näin VanLe sai mahdollisuuden erävoittoon. Se tosin jäi haaveeksi ja erävoitto kirjattiin JoLePalle numeroin 25–21. Erä kääntyi sen loppupuolella jämsäläisille, vaikka voitaneen sanoa, että VanLe hallitsi erän alkupuoliskolla kentän tapahtumia hienosti.

Toinen erä JoLePaa vastaan tarjosi sitten jo ennustetun kaltaisen lopputuloksen, kun sisuuntuneet, viime kauden SM-pronssimitalistit veivät erän numeroin 25–12, ja koko ottelun 2-0. Tämäkin ottelu antoi taas lisää uskoa tulevaisuuteen. Me pystyimme ainakin jollain tasolla haastamaan SM-mitalistit, ja lisäksi huomasimme sen, että vastustajat eivät olleet ainakaan kovinkaan paljon meitä pidempiä. Olemme aina ajatelleet, että joukkueemme lyhyys on este sille, että voisimme haastaa Suomen huippujoukkueita. Se ei pidä paikkansa varsinkaan nyt, kun joukkueessa on pari uutta kaveria Kaitsun ja Esan muodossa, joilla pituutta riittää ihan mukavasti. Ainoa syy, miksi emme voisi pärjätä Suomen parhaita vastaan, on se, että me olemme liian huonoja. Hetkinen, hetkinen, hetkinen. Kyllä se sittenkin johtuu siitä, että me olemme liian lyhyitä. Se johtuu selkeästi vain ja ainoastaan siitä.

JoLePa ottelun jälkeen oli lämmittelytauko ennen viimeistä ottelua, ja tämän aikana VanLea yritettiin yllyttää SM-sarjaan pelaamaan isojen poikien kanssa. Se ei kuitenkaan ainakaan vielä ole meidän paikka. Ensin pitäisi hoitaa alempi SM-sarja kunnialla ja voitokkaasti ennen kuin mistään tällaisesta voitaisiin edes haaveilla. Senkin jälkeen pitäisi kehitystä tapahtua ennen kuin tämä haaste otettaisiin vastaan. Ei sitä kuitenkaan koskaan tiedä, millainen tulevaisuus VanLella on istumalento-pallossa. Edetään nyt kuitenkin peli kerrallaan ja katsotaan, mikä tilanne kauden tai parin päästä. Vielä nyt tasoero on liian suuri.

Harjoituksissa Jari on vanhana kaupungin työntekijänä ottanut käyttöön uuden harjoitusmenetelmän, joka perustuu juuri tä-hän kaupungin työntekijöiden työskentelytapaan. Yksi tekee hommia ja muut katsovat vierestä. Tässä harjoituksessa muut pelaajat sijoittuvat tämän yhden ympärille rinkiin ja kukin vuo-rollaan antaa tälle yhdelle jonkinnäköisen sormi- tai iskulyön-nin, jonka tämä palauttaa takaisin sen antajalle. Tämän jälkeen hän kääntyy kohti seuraavaa, ja tätä jatketaan siihen saakka, kunnes keskellä oleva on täysin uupunut ja pää pyörällä hirve-ästä pyörimisestä. Tässä Suomen Cupissa sitten selvisi, että miksi tätä harjoitusta tehdään. Kun KSI tai JoLePa pelasivat parasta peliään, niin VanLelaiset olivat päät pyörällä ja aivan läkähdyksissä. Vaikka tämä harjoitus siis tuntuikin hassulta, niin näköjään se on aivan pelinomainen suorite. Taas Jari osoitti tietämyksensä lajista, ja näin me muut olimme taas astetta pa-remmin valmistautuneita höykytykseen.

Viimeisessä ottelussa sijoista 5-6 pelattaessa VanLe kohtasi Kotkan kakkosjoukkueen, joka astelisi vastaan myös sarjakauden aikana. KSI 2- VanLe 2-0 (25–16, 25–17). Heikko suoritus. Äärimmäisen heikko suoritus meiltä. Todellinen mahalasku muuten positiivisesti sujuneessa turnauksessa tuotti jumbosijan. Ehkä kolme peliä putkeen oli hieman liikaa, ja vaikka kunto riittikin, niin latausta ei viimeiseen otteluun löytynyt. Ensi kerralla pitää parin ottelun jälkeen työntää haarukka pistorasiaan, ja näin varmistaa latauksen säilyminen ja turnauksen vauhdikkain hiustyyli.

Kun alemmassa SM-sarjassa kahden viikon kuluttua kohtaamme KSI 2:sen, niin uskoisin, että joukkue on muuttunut aika paljon tästä Suomen Cupiin matkaavasta joukkueesta. Uskon ainakin, että siitä joukkueesta puuttuu tämänkertaisen joukkueen ykkösiskijä, joka selkeästi kuuluu ykkösjoukkueen matkaan. Tämä harvinaisen skrode kaveri rokotti meitä siihen tahtiin, että toivottavasti Lappeenrannassa hänen paikallaan pelaa joku huomattavasti hennompi kaveri. Ei siinä muuten mitään, mutta kun tämä kaveri mättää sitä palloa sellaisella nopeudella, että pallo voi aiheuttaa samanlaista tuhoa kuin pyörremyrsky Tanskassa. Siinä on legot vaarassa.

VanLen pelit Suomen Cupissa oli siis pelattu ja nyt onkin tilinpäätöksen aika:

> \+ Päästiin pelaamaan istumalentopalloa hyviä joukkueita vastaan.
> \+ Pelattiin hyvää peliä KSI 1:stä vastaan.
> \+ Pelattiin hyvää peliä JoLePaa vastaan.
> – Pelattiin huonosti KSI 2:sta vastaan.
> – Jouduttiin heräämään aikaisin ja istumaan autossa koko päivän.
>
> ---
> Kolme plussaa miinus kaksi miinusta = +

Kuten tilinpäätöksestä näkee, niin koko turnauksesta jäi hyvä maku käteen. Sen lisäksi jäi vielä hyvä maku suuhun, kun käytiin takaisinpäin tullessa Neste Jari-Pekassa syömässä. Itse ehdotin yhtä ABC:tä, koska niissä olimme yleensä pelimatkoilla käyneet syömässä. Ehdotukseni kuitenkin tyrmättiin. Sillä saattoi olla jotain tekemistä sen kanssa, että kyseessä oli ABC kylmäasema.

Nyt kun näin kunnallisvaalien jälkimainingeissa analysoin turnausta, niin SDP:n puoluejohtajan tavoin haluan kiittää kaikkia turnaukseen osallistuneita VanLelaisia hyvästä työstä. Tämän teen tosin vain kerran (1). Vai teenkö... Jutta Urpilainen kiitti demareita vaalityöstä Ylen puolella varmaan kymmenen kertaa, ja uskoisin, että maikkarilla saman verran, radiosta puhumattakaan. Hän myös puhui torjuntavoitosta hävittyjen vaalien jälkeen, joten ilmeisesti VanLen jumbosija Suomen Cupissa oli torjuntavoitto. Haluankin siis vielä kiittää kaikkia kovan työn tehneitä VanLelaisia tästä torjuntavoitosta (2). Samalla haluaisin hieman selkeytystä näihin kielemme koukeroihin. Jos joku teistä tuntee Jutta Urpilaisen, niin voisitteko pyytää häntä kertomaan, että onko olettamukseni oikein? Alla on lyhyt lista, jossa vasemmalla puolella on minun suomea ja oikealla puolella Jutan suomea. Onko tämä lista siis oikein?

Minä	**Jutta Urpilainen**
Suuri voitto =	Murskavoitto
Pieni voitto =	Voitto
Pieni tappio =	Torjuntavoitto
Nöyryyttävä tappio =	"Onnea Kokoomukselle vaalivoitosta"

Kiitokset Jutalle vastauksesta etukäteen. Se on yhtä arvostettua, kuin VanLelaisten panos Suomen Cupissa, josta nappasimme ihan tyydyttävän torjuntavoiton (3).

Turnauksen jälkeen oli taas aika palata sorvin ääreen eli harjoituksiin. Ennen sitä kuitenkin haluisin näin aluksi kiittää kaikkia VanLelaisia hienosta Suomen Cupin turnauksesta, joka poiki kuudennen sijan (4). Tuo kuudes sija oli meille hyvä torjunta-voitto, jonka mahdollisti VanLelaisten hieno työ Muuramessa, josta nyt haluankin heitä vielä kerran kiittää (5). Okei, minä hävisin. Pystyin kiittämään VanLelaisia tästä torjuntavoitosta ainoastaan viisi kertaa, ennen kuin rupesi liiemmin hävettä-mään. Jutta pystyi paljon parempaan. Ja siitä haluankin häntä tässä näin aluksi kiittää. Se on varsinainen torjuntavoitto.

Onneksi muuten tuo sorvin ääreen palaaminen on vain sanon-ta, sillä vaikka olen istumalentopallossakin sormeni telonut, niin sorvin ääressä varmaan joutuisin niistä luopumaan koko-naan. Nuo puutyöt eivät minulta oikein koskaan ole onnistu-neet.

Nyt edessä oli vain muutamat harjoitukset ennen ensimmäistä alemman SM-sarjan turnausta Lappeenrannassa. Suurimmat puheenaiheet olivat kuitenkin finanssikriisi ja Yhdysvaltojen presidentinvaalit. No se presidentinvaali näyttää olevan läpi-huutojuttu Obamalle ja hyvä niin, mutta tuossa finanssikriisissä riittää setvimistä pitkäksi ajaksi. Maailmassa edetään niin, että ensin menee hyvin ja sitten menee huonosti ja sitten taas me-nee hyvin. Nyt menee huonosti. Rikkaat köyhtyvät, mutta se on vain väliaikaista. Köyhät köyhtyvät entisestään, ja siitä ei niin helposti noustakaan ylös. Itse erittäin pienenä piensijoitta-jana olen saanut katsella, kuinka rahastojeni arvo laskee hurjas-ti. Ei siinä mitään, kun en ole niitä myymässä. Ehkä ne sieltä vielä nousevat, mutta kyllähän tuo vähän ahdistaa.

Miten voitaisiin sitten estää nämä taloudelliset kriisit. No ei varmaan mitenkään, mutta kyllä niitä voitaisiin ainakin lieven-tää. Tähän tarvitaan jämäkkä peukalo-etusormiote, sakset ja hieman notkeutta. Kun seuraavan kerran joku islantilainen tai muu vastaava innokas sijoittaja tulee henkselit paukkuen osta-maan yritystäsi pelkästään velkarahalla, niin toimi seuraavasti:

1. Tartu sijoittajaa olkapäistä peukalo-etusormiotteella ja purista hieman.
2. Käännä sijoittaja siihen suuntaan, mistä hän on tulossa.
3. Leikkaa henkselit saksilla.
4. Taivuta jalkaasi niin, että saat annettua kevyen sysäyksen sijoittajan ahteriin niin, että hän tajuaa lähteä kotiaan kohden housut nilkoissa.

Nämä neljä yksinkertaista teesiä varmistavat sen, että pankkien lainaamat rahat eivät lähde lainaajan käsistä ja hän voi ne palauttaa takaisin. Tässä vaiheessa hänellä olisi aikaa miettiä, että mitä siellä kauppaopistossa oikein opetettiinkaan, ja ehkä hän löytää sitä kautta itselleen vähemmän maailmantaloutta vavisuttavan työn. Hän voi vaikka ruveta viljelemään metsää Islannissa. Sitä tekemällä hän kokee korkeintaan henkilökohtaisen konkurssin, mutta mitäs me siitä välittäisimme. Pääasia, että HEX-indeksi on kohdallaan. On tämä ihmeellinen maailma ja ihmeellisemmäksi menee. Taas jotkut hullut heräilevät keskellä yötä päästäkseen pelaamaan istumalentopalloa.

Lappeenrannan turnaus

,, Kello löi jo viisi, lapset herätkää. Juhani ja Liisi, muuten matka jää." Jotenkin noinhan se laulu menee. Siinä oltiin lähdössä kirkkoon. Nykyään ihmiset taitavat olla vähän vähemmän uskonnollisia, ja tuollaista käytöstä saatetaan pitää jotenkin outona. Minäkin kummastelisin sitä. Ja jos kirkkoon menoa kummastellaan, niin varmasti kummastellaan samaan aikaan matkaan lähteviä istumalentopalloilijoita. Kun Kati käynnisti auton 1.11.2008 ja oli suuntaamassa kohti Lappeenrantaa, Juhanin ja Liisin ruuna säikähti ja pillastui, ja näin matka kirkkotiellä kävi entistäkin sutjakkaammin.

Suomen Cupista opituin logistisin kuvioin mentiin jälleen. Ensin kerättiin porukkaa sieltä sun täältä, ja sitten sitä ripoteltiin autoihin tasaisesti, ilmeisesti jonkinlaisen henkisen tasapainon saavuttamiseksi. Mika ainakin saavutti henkisen tasapainonsa välittömästi, kun hän vajosi syvään uneen oikeastaan heti, kun se oli mahdollista. Mistähän mahtoi mies uneksia? Mahtoi olla jotain Pohjanmaa-juttuja, mistä mies on kotoisin. Tähän oli tarkoitus kirjoittaa jotain hauskaa Pohjanmaasta, mutta sitten meni pupu pöksyyn. Olen tässä kirjassa jo mm. kritisoinut Kiinan ihmisoikeusasioita, ja saman voisin tehdä Venäjän suhteen. Nyt kun piti jotain kirjoittaa Pohjanmaasta, niin rohkeus loppui siihen. Siellähän on karskeja tyyppejä, jotka vetävät turpaan, jos niin teen. Minä tiedän. Minä olen kuullut niistä. Siitäs saitte kaiken maailman Hu Jintaot, Vladimir Putinit ja Kim Jong-Il:t. Teistä ei ole mihinkään pohjalaisiin verrattuna.

Päivä oli jo valjennut, kun päätimme pysähtyä. Pysähdyspaikan ehtona minulle oli se, että saan sieltä berliininmunkin. Mitä vielä! Pysähdyimme Utin ABC:lle ja odotukseni olivat korkealla, sillä ABC:t eivät koskaan ennen olleet pettäneet odotuksiani. Mutta mitä nyt? Missä ovat berliininmunkit? Kiersin koko pullaosaston ympäri useampaan otteeseen, mutta en löytänyt munkkeja mistään. Se on vähän sama, kun hirveässä kiireessä juoksisi vessaan ja ajattelisi, että huh helpotus. Sitten kuitenkin huomaisit, että vessapaperi puuttuu. Siinä joutuisi sitten tekemään tiukkoja ratkaisuja, jotka eivät aina ole kovinkaan mukavia. Minun ratkaisuni oli Daim-kakku. No pakko tunnustaa, että ratkaisu ei ollut kovinkaan epämiellyttävä, varsinkin jos sitä vertaa tuohon vessaesimerkkiin. Minä kyllä mieluummin syön Daim-kakkua kuin juoksen housut kintuissa etsimässä vessapaperia. Joku saattaa ehkä yllättyä tästä päätelmästäni, mutta näin se taitaa kuitenkin mennä.

Matkalla ajattelin, että joskus olisi kiva nähdä tilastoja otteluista. Siis ihan pelaajakohtaisia tilastoja, joista näkisi, miten kullakin pelaajalla on peli kulkenut. Kaikkihan tietävät kuitenkin seuraavan litanian: vale, emävale, tilasto. Jos tämä on totta, niin millaisia ihmisiä ovat ihmiset, jotka tekevät näitä tilastoja? Ovatko he yhtä pahoja kuin tilastot? Pitäisikö vanhempia varoittaa heistä?

> ”Lissu hei, kuka tuo on?”, isä kysyi. ”Se on Reiska, mun uusi kundikaveri”, vastasi Lissu. ”Reiska on sellaisesta kivasta moottoripyöräjengistä ja se on niin ihku, vaik se onkin aika kova”, jatkoi Lissu. ”No Reiska, mitäs sinä teet työksesi?”, kysyi isä. ”Noh mä kerään velkoja sellaisilta, jotka ei niitä muuten maksa. Nytkin vähän rystysiä kolottaa.”, siihen Reiska. ”Sehän kuulostaa mielenkiintoiselta. Entä mitä teet vapaa-ajalla tuon moottoripyöräharrastuksen lisäksi?”, isä jatkoi kyselyään. ”No minä teen tilastoja lentopallo-otteluista”, Reiska vastasi ja siihen isä tiukasti: ”Siis mitä? Nyt äijä pihalle niin kuin olisi jo! Kohta mä soitan poliisit!”

Sitä, että saadaanko tilastomiehiä koskaan kuriin, en tiedä, mutta ainakaan meidän joukkueen innostusta ei saatu millään kuriin ennen ensimmäistä otteluamme Team Finlandia eli naisten maajoukkuetta vastaan. Ensimmäinen ottelu alkoi 10.20 ja meidän vasta klo 11.00. Silti olimme lämmittelemässä jo ennen ensimmäisessä ottelussa pelanneita joukkueita.

Lämmittely on tärkeä osa urheilua. Urheilussa lämmitellään sen takia, jotta paikat eivät hajoaisi, ja sen takia, että kun ottelu alkaa, niin pelaajat olisivat ns. hereillä. Kun reissuun lähdetään ennen aamu kuutta, niin hereillä oleminen ottelussa on tärkeää. Joissain urheilulajeissa tämä hereillä oleminen on jopa huomattavasti tärkeämpää kuin lihasten lämpeneminen ja näin loukkaantumisriskin pieneneminen. Otetaanpa esimerkiksi sellainen hieno urheilulaji kuin shakki. Siinä tuskin on vaaraa hajottaa paikkojaan kovinkaan pahasti, mutta jos keskittyminen ei ole terävimmillään, niin tappio on varma.

Jos sattuisi käymään niin, että Helsingissä olisi shakkiturnaus Stockmannin hullujen päivien aikana, niin valmentaja voisi viedä pelaajan kyseisen tavaratalon ylimpään kerrokseen silmät sidottuina ja perille päästyään pyöräyttää tätä pari kertaa ympäri, ottaa siteen pois silmiltä ja sanoa: "Etsi tiesi ulos". Ihminen normaalisti käyttää vain murto-osan aivokapasiteetistään, mutta tuollaisessa tilanteessa aivot olisivat kyllä täydessä touhussa. Sitten, kun turnaus alkaisi ja vastaan asettuisi joku shakin huippunimistä, niin kyllä hulluilta päiviltä selvinnyt olisi tässä selkeä ennakkosuosikki. Shakkiottelu voisi myös päättyä tasan. Näin kävisi sellaisissa tilanteissa, kun kaksi pelaajaa viedään hulluille päiville ja kumpikaan heistä ei selviä siitä ihmismassojen ryntäyksestä ehjin nahoin pois. Rauha heidän muistoilleen.

No, joka tapauksessa saimme hyvät lämmöt päälle ja ennen omaa otteluamme ehdimme myös vähän seuraamaan turnauksen avausottelua, jossa vanha kunnon ESI CCCL voitti SkU:n uudet tulokkaat 2-0, ja sitten olikin jo meidän vuoro marssia kentälle. Ottelu Team Finlandia vastaan lähtikin hienosti käyntiin ja ensimmäinen erä meni meille lukemin 20–9, joista suuri osa taisi tulla Katin hyvien syöttöjen ansiosta. Toista kertaa VanLen historiassa nähtiin sellainen ihme, että meillä oli mukana vaihtomies. Mika istui ensimmäisen erän penkillä ja toisessa erässä oli minun vuoroni. Sehän ei peliin ainakaan negatiivisesti voi vaikuttaa, kun minut pistää vaihtoon, ja toinen erä menikin meille mukavasti 20–13 ja koko ottelu luvuin 2–0.

Ottelussa Team Finlandia vastaan meillä oli kaikki perusasiat kunnossa. Me syötimme hyvin, vastaanotimme hyvin, passasimme hyvin, löimme hyvin ja torjuimme hyvin. Kaikki osa-alueet siis toimivat hyvin. Yksikään näistä ei toiminut erinomaisesti, mutta oma hyvä ja tasainen peli toi meille turnauksen avauspisteet ja samalla kauden avausvoiton.

Tuo ensimmäinen ottelu oli Esalle kautta aikain ensimmäinen istumalentopallo-ottelu. Hänelle päällimmäisenä asiana ottelusta jäi samanlainen tunne kuin meille muillekin, jotka lajia pelaamme. Hauskaa oli. Sen takiahan me reissaamme ja treenaamme. Hauskaahan täällä ollaan pitämässä. Se, että jos siinä samalla vähän voitetaankin otteluita, niin mikäs siinä, sehän on vielä hauskempaa, mutta tiukat ottelut, hyvät pelikaverit verkon molemmin puolin ja itse tämä laji ovat ne asiat, miksi tätä tehdään, kuten olen jo muutamaan kertaan todennut.

Nyt, kun Esa tuli puheeksi, niin pakko antaa miehelle tunnustusta siitä, että hyvin vähäisellä lentopallotaustalla se tuli ja pelasi aika loistavan avausturnauksen. Jos kehitys on jatkossa yhtä huikeaa, niin ensi kaudella Esa varmaan hakeutuu johonkin mestaruussarja-joukkueeseen, ellei meistä ole sille tasolle lähtijöiksi. Ongelmana tietysti voi olla se, että lähin mestaruussarja-joukkue on Kotkassa ja sinne harjoitusmatkat ovat aika rajut. Tässä lajissa, kun ei oikein raha liiku, niin ei oikein pelkän istumalentopallon takia kannata kotipaikkakuntaansa vaihtaa. Tosin, jos joku sen tekee, niin se on kyllä hatunnoston arvoinen suoritus.

Jos ei Esasta tule ensimmäistä VanLen kasvattia, joka muuttaa toiseen kaupunkiin istumalentopallon perässä, niin ainakin hän teki jotain, mitä muut VanLelaiset eivät ole kyenneet. Hän torjui oman pelaajan syötön. Taisi olla ottelussa Kotkaa vastaan, josta kerron myöhemmin, jossa Jari syöttövuorollaan huomasi torjunnan välissä hyvän tyhjän paikan, johon voisi syöttää. Syöttö lähtikin siihen suuntaan, mutta juuri ennen verkkoa se törmäsi Esan käsiin, joka oli valmistautunut torjumaan mahdollisesti nopeasti tulevaa vastustajan hyökkäystä. Siitä piste, joka näytti olevan tulossa meille, menikin vastustajalle. Tästä tilanteesta Esa sai kuulla sen verran paljon hyväntuulista kuittailua, että hän tuskin onnistuu tekemään samaa temppua uudestaan. Hänelle tosin luvattiin, että kuittailu jatkuu, mutta vain siihen saakka, kun hän tekee jotain vielä haus-kempaa.

0–2 (17–20, 17–20) Siinä on lukemat. Kyseessä on turnauksen seuraava ottelu, jonka kävimme ESI CCCL:ää vastaan. ESI oli tullut kotiturnaukseen todella kovalla porukalla, jolla ESImäi-seen tyyliin riitti rutiinia enemmän kuin muilla joukkueilla yh-teensä. Siihen, kun lisätään vielä loistava pelisilmä, niin jo en-nen ottelua oli selvää, että VanLe joutuisi koville. Vähän liian koville, kuten lukemista näkyy. 3 pistettä tuli eroa molempiin eriin. Painissa kolme pistettä on lonkkaheiton verran. Olimme siis lonkkaheiton verran ESIä heikompia molemmissa erissä. Tämä ero on jatkossa väännettävä kiinni. Ihan jo pelkästään ESIn kannalta. Tuossa iässä ei enää kannata tehdä mitään lonkkaheittoja. Lonkkahan voi vaikka murtua.

Tappion jälkeen ei auta kuin lähteä uuteen nousuun. Tappiosta selkeästi sisuunnuttiin oikein kunnolla, koska seuraava vastus-taja LAMK sai ensimmäisessä erässä kunnon kylvetyksen lu-vuin 20–4. Tuo taisi olla meidän suurin erävoitto tähän men-nessä. Toinen erä olikin sitten jo tasaisempi, kun sen voitimme 20–14. Kolme ottelua. Kaksi voittoa ja yksi tappio. Ei ihan huono avaus turnaukselle. Silti vähän jäi hampaankoloon tuo ESI matsi. Sitä ei kuitenkaan ollut aika miettiä, kun jo seuraava porukka Lappeenrannasta oli vastassa. SkU koostui pääosin nuorista lentopalloilijoista, ja he olivat ensimmäistä kertaa mu-kana, ainakaan samaan aikaan meidän kanssa. He olivat jo aika tiukasti pistäneet hanttiin ESI:lle ja KSI:lle, sekä voittaneet LAMK:n, joten aika mielenkiintoinen kamppailu oli luvassa.

Vähän nihkeää. Sellaista, kun kesällä istuu nahkasohvalle ilman paitaa ja selkä jää sohvaan kiinni. Sellaista se peli oli SkU:ta vastaan. 20–14, 20–14 voitto tuli, mutta se ei ehkä tullut hyvällä peruspelillä, vaan hieman väkinäisen vääntämisen jälkeen. Ker-rankin olimme kokeneempia kuin vastustajamme ja siitä oli rutkasti hyötyä. Saimme muutaman pisteputken sen ansiosta ja näin muuten tasainen peli kääntyi meille molemmissa erissä kuuden pisteen voitoksi. 6 pistettä ei painissa taida saada mistään suorituksesta, joten tähän en sellaista vertailua pysty tekemään. Ehkä se oli ensin allepano, josta sitten lähti junttaheitto. Tuo ei kyllä ole hyvä vertaus. Ei me niin ylivoimaisia oltu. Eihän tuollaisiin pysty kuin Alexander Karelin, ja ehkä ei hänkään enää.

Viimeisen kerran tatamille, eipäs vaan kentälle siis, marssittiin KSI 2:sta vastaan. Ja mitä ihmettä. Ensimmäinen erä VanLelle 20–10. Siis 20–10! Ja yksi noista Kotkan pisteistä oli tuo Esan surullisen kuuluisa oman syötön torjunta. KSI 2:n on ollut aina meille ja kaikille muillekin sarjamme joukkueille hurjan kova vastus ja nyt ensimmäisessä erässä he jäivät ihan meidän jalkoihin. Olemmeko me näin hyviä? Ehkä juuri sillä hetkellä olimme tai sitten kyseessä oli optinen harha, sillä seuraava erä päättyi KSI:n voittoon lonkkaheitolla eli 17–20. Oli siis edessä hermoja raastava kolmas ja ratkaiseva erä. Siinä olimme jo ihan hyvässä johdossa, mutta sitten jokin meni pieleen ja KSI kiri ohi pisteellä 9–10. Se söi miestä. Vielä näin jälkeenpäinkin, kun asiaa ajattelee, niin se syö miestä. Ehkä sillä pisteellä ei sijoitusten kannalta olisi ollut merkitystä, mutta olisihan voitto Kotkasta ollut hyvää ja harvinaista herkkua. Oikea tryffeli konsanaan. Nyt meille ei jäänyt käteen kuin banaani. Sellainen, joka oli muhinut koko päivän pelikassissa. Varsinaista herkkua.

Karvas tappion maku suussa siirryttiin suihkun kautta kotimatkalle. Suihkutkin vielä kiusallaan tulvivat niin, että jouduimme pelastelemaan laukkujamme lattialta, jotta ne eivät olisi kastuneet. Kyllä sapettaa. Kai se on ihan positiivinenkin asia. Sitä huomaa, että tässä lajissa taitaa sittenkin olla vähän menestymistavoitteita. Ei ehkä ihan SM-tasolla, mutta omassa alemmassa SM-sarjassa me haluamme olla taistelemassa aivan kärkipaikoista. Kolmas sija turnauksessa ja vähiten meitä vastaan tehtyjä pisteitä oli aika laiha lohtu, kun hävisimme kaksi tiukkaa vääntöä kärkipaikasta taistellessamme.

Olo oli vähän sellainen aluksi, että tätä päivää ei kyllä nyt mikään pelasta. Olin väärässä. Utin ABC:n bonuspannu toimi pelastavana enkelinä. Ai että kun helpotti. Ehkä teidän äiti tekee meidän äidin ruoat, mutta tämä sapuska oli enkelten tekemää. Tulee vesi kielelle tässä kirjoittaessa. Taidan käydä syömässä välillä. Jääkaapissa on jotain kanajuttua. En oikein tiedä mitä. Pitää varmaan kysyä teidän äidiltänne.

No niin. Oli hyvää kanajuttua, mutta ei se pärjännyt bonuspannulle. Se oli vähän liian terveellistä. Mihinkäs minä jäin? Ai niin. Siis maha täynnä matkattiin takaisin kotiin Lappeenrannan turnauksesta ja pettymys hälveni vähitellen.

Lappeenrannan turnauksessa 1.11.2008 pelasivat Kai, Esa, Jari, Kati, Mika, Tarmo ja Saku.

Kotkan turnaus

Jälleen on edessä yksi ykkössarjan, eipäs kun alemman SM-sarjan turnaus. Totuttuun tapaan jouduimme heräämään aikaisin. Tällä kertaa jo kolmelta. Siis kolmelta! Ja vielä perjantaina, vaikka turnaus oli vasta lauantaina. Mitä tämä oikein tarkoittaa?

No nyt kävi niin, että minä ja Kati oltiin lähdössä lomareissulle Müncheniin pidennetyksi viikonlopuksi. Kun matkaa suunnittelimme, mietimme aikaa, jolloin ei varmasti olisi ististurnausta. No eihän itsenäisyyspäivänä sellaista voi olla. Sille viikonlopulle sitten päätimme matkamme varata. Ja kuinkas sitten kävikään? Kun sarjaohjelma lyötiin käteen, niin eikös siellä Kotkan turnaus ollut juuri itsenäisyyspäivänä. Kukahan senkin keksi? Nyt jäisi meiltä kyseinen turnaus väliin. Tähän asti olin ollut mukana kaikissa VanLen turnauksissa ja pakko tunnustaa, että pois jääminen hieman harmitti. Ehkä harmitus hieman lauhtui, kun sitä asteli Allianz-areenalle 69 000 muun kanssa katsomaan Bundesliigan kärkikamppailua FC Bayer München – TSG Hoffenheim.

Eli, kun muut valmistautuivat perjantai-iltana lauantaina pelattavaan turnaukseen, me Katin kanssa saimme nauttia lentävistä muovikaljatuopeista ja niskaan putoilevista humalaisista jalkapallofaneista. Se oli sitä oikeaa tunnelmaa, mitä ei ehkä HJK:n peleistä löydy. Vaikea sanoa. En ole käynyt kotimaista pääsarjatason jalkapalloa katsomassa sitten yläasteen eli siitä on reilusti toistakymmentä vuotta.

Veikkausliigan tunnuslause on "Tunnusta väriä". Minun värini on vihreä. Se on Plymouth Argylen väri. Kotimaassa ei omaa jalkapalloseuraani RT-88:a lukuun ottamatta ole sellaisia seuroja, jotka herättäisivät minkäänlaisia intohimoja. Tätä on yritetty kovasti korjata siinä kovin hyvin onnistumatta. Meitä lajin harrastajia on niin paljon, että jos meidät saataisiin katsomoihin, niin asiat paranisivat huomattavasti. Silti uskon, että on ainoastaan yksi ainoa tapa saada yleisöön menoa ja meininkiä. Nuo muoviset kaljatuopit, joita Euroopassa saa katsomoissa nauttia, olisi tervetullut lisä meidänkin jalkapallokulttuuriin. Onhan se sääli, mutta näin se vain on. Elämää katsomoon ei tuo mitkään stadionien gourmet ravintolat, missä yritysjohtajat nauttivat kaviaaria. Elämää katsomoon tuo naapurin Reiska, joka pienessä hiprakassa mylvii suosikkijoukkueensa nimeä. Pelasihan hän kyseistä joukkuetta vastaan Hesa-cupissa vuonna 1989 ja ne muistot heristävät kyyneleen silmäkulmaan vieläkin. Olisipa hän vain jatkanut uraansa, mutta teinivuosina yöjuoksut ajoivat juoksutreenien ohi ja jalkapallo jäi. Jalkapallon nykytilaa kuvaa hyvin se, että jalkapalloa yritetään nostaa maamme ykköslajiksi, mutta Palloliiton markkinointi – ja myyntipäällikkö Juha Kuosa siirtyi vastaaviin tehtäviin jääkiekon pariin ja kommentoi asiaa seuraavasti: "Olen mielissäni saadessani mahdollisuuden työskennellä Suomen ykköslajin parissa." Edes siis Palloliiton markkinoinnista vastannut henkilö ei uskonut tähän asiaan, vaan piti jääkiekkoa ykkösenä ja vaihtoikin leiriä. Että sellaista tapahtuu jalkapallon parissa.

Ja sitten palaamme takaisin istumalentopalloon. Tämä laji ei kenellekään ole ammatti, joten meidän ei tarvitse hirveästi huolehtia katsojaluvuista. Minä joudun nyt kuitenkin huolehtimaan turnausraportista sellaisesta turnauksesta, jossa en itse ollut paikalla. No kirjoitin minä lukiossa kirja-arvostelun kirjasta, jota en edes lukenut, ja sain siitä arvosanaksi 8 ja puolikkaan vielä päälle. Ei tämän turnausraportin kirjoittaminen siis pitäisi olla juttu eikä mikään. Niin ja äidille tiedoksi, että muuten olin kyllä tunnollinen oppilas koulussa.

Kotkan turnaus tulisi olemaan ehkä jopa kauden kovin alemman SM-sarjan turnaus, sillä tulisihan mukana olemaan peräti kahdeksan joukkuetta, joiden joukossa mm. SM-sarjajyrät MuurLe ja HIY, sekä Kotkan naisten joukkue Wellulla vahvistettuna. En tätä kyseistä Wellua tunne, mutta ilmeisesti on aika kova luu, kun kerran nimensä saa joukkueen nimeen yhdistettyä ja näin syntyi siis Welluttaret KSI.

Heti avausotteluun VanLe sai vastaansa kovaakin kovemman KSI 2:sen. Edellisen kerran, kun joukkueet kohtasivat, niin VanLe voitti ensimmäisen erän selvästi, hävisi toisen erän niukasti ja kolmannen ratkaisevan erän vain pisteellä. Nyt historia toisti itseään. Tällä kertaa ottelut olivat vain kahden erän mittaisia, joten tulos oli 1-1. Ensin VanLe vei ja KSI 2 vikisi 20–9, mutta toisessa erässä KSI 2 kuroi VanLen johdon loppuhetkillä kiinni ja meni pisteellä ohi 19–20. Ja arvaa harmittiko. No ei ainakaan minua, kun olin koko asiasta täysin tietämätön.

Ilmeisesti kuitenkin vähän oli tuo toisen erän tappio jäänyt poikia vaivaamaan, kun seuraavan ottelun alkuun HIY:tä vastaan ei saatu minkäänlaista ryhtiä ja HIY vei erän 10–20. Toiseen erään joukkue sai sellaista ryhtiä, mitä ei ainakaan minulta löydy tällä hetkellä, kun tätä kirjoitan. Röhnötän aika huonossa asennossa, mutta ei tätä oikein jaksa parantaakaan. VanLe sen sijaan tosiaan paransi ja haki toisesta erästä voiton lukemin 20–16. Turnaus oli siis alkanut kahdella tasapelillä. Kun KSI 2 meni vielä voittamaan HIY:n puhtaasti 2-0, niin välieräpaikka oli omissa käsissä. Se vaatisi 2-0 voittoa naisten maajoukkueesta. 20–16, 20–15 ja 2-0. Siinä nämä vaaditut pisteet olivatkin. Tässä ottelussa VanLen peliä kuulemma sotki epäpuhtaat kosketukset, jotka vihellettiinkin aktiivisesti pois. No onneksi sentään jotain tehtiin oikein, ja näin paikka välierissä varmistui.

Välierän jännitys oli pian ohi, kun turpaan oli tullut MuurLelta 2-0 (20–14, 20–10). Turvasta puheen ollen, samaan aikaan minä mussuttelin breleiä ja talsin ympäri Münchenin joulumarkkinoita. Oli aika suolaisia. Siis sekä brezel, että hinnat. Halvalla tosin pääsin, kun en mitään ostanut, paitsi herkkuja tietenkin. Valkosuklaalla kuorrutetut banaanit olivat aika herkullisia.

Nyt oli edessä siis pronssiottelu. Ei sekään mikään helppo nakki tulisi olemaan. Nyt kuitenkin olisi hyvä paikka ottaa revanssi alkukaudella meitä kyykyttäneestä KSI 2:sta. En tiedä, miten pojat siinä onnistuivat, mutta kyllä tämä revanssi otettiin ja vielä aika kivoin numeroin 20–12, 20–11. Kyllä, kun tuloksista sain viestiä Saksaan, niin se lämmitti. Welluttaret KSI oli voittanut ja MuurLe otti hopeaa. Niillä ei ollut niin väliä, mutta kolmas sija tällaisessa turnauksessa oli ehkä enemmän kuin mitä oli osattu odottaa. Itse veikkailin taistelua sijoista 5-6, mutta onneksi olin väärässä. Maanantaina, heti kotiin tultuani, oli pakko käydä katsomassa tämänhetkinen sarjatilanne. Tilanne on vähintäänkin kutkuttava:

1. KSI 2   11 pistettä
2. VanLe   10 pistettä
3. ESI CCCL   9 pistettä
4. Welluttaret KSI   8 pistettä
5. MuurLe   7 pistettä

6. Team Finland W	4 pistettä
7. SkU-81	3 pistettä
8. HIY	3 pistettä
9. LAMK	2 pistettä

Pitää muistaa, että alemman SM-sarjan voittaja menee SM-pronssiotteluun ja tämä tilanne on ehdottomasti täysin auki. Jos MuurLe, HIY ja Welluttaret KSI innostuvat tulemaan useampaan turnaukseen, niin pakka menee täysin sekaisin. Muuten homma näyttää olevan kolmen kauppa. Sitä tiukempi sellainen, mutta kolmen kauppa kuitenkin.

Seuraava turnaus on tammikuun loppupuolella pelattava meidän kotiturnauksemme. Sinne täytyy lähteä hakemaan vain ja ainoastaan voittoa. Se, että käykö paineet liian koviksi, nähdään silloin. Kun mietitään mahdollista SM-pronssiottelua, niin tasapisteissä ratkaisee ensisijaisesti voitettujen turnausten määrä. Niitä meillä ei ole yhtään. Ainoa turnausvoitto on viime vuoden Kotkaturnauksen B-sarjan voitto. Se oli niin maukas, että sitä olisi kiva maistaa myös tällaisessa sarjaturnauksessa. Sitä lähdetään ajamaan takaa. Se vaatii venymistä, mutta niin vaati selkänikin, kun se tuossa yksissä treeneissä meni ihan jumiin. En ole enää mikään nuori poika näköjään. Tästä kolmenkymppinkriisistäkin varmasti riittäisi kirjoitettavaa, mutta en viitsi sillä itseäni masentaa.

Kotkan turnauksessa pelasivat Pertti, Tarmo, Jari, Kaitsu, Esa ja Mika. Se, että kävivätkö he Pyhtään ABC:llä syömässä, niin sitä tarina ei kerro.

Muita kuulumisia

Aikaisemmin kerroin siitä, että tätä hienoa lajia vaivaa pienoinen pelaajapula. Nyt se rupesi vaivaamaan jo VanLeakin, ja tilanne äityi niin pahaksi, että Kotkassa pelattuun naisten turnaukseen ei joukkuetta saatu jalkeille ollenkaan. Pahimmassa tapauksessa tästä voisi seurata 400e sakko ja sulkeminen sarjasta.

Tätä asiaa pohdittiin ja päädyttiin sitten sellaiseen ratkaisuun, jossa VanLen naiset saivat säilyttää sarjapaikkansa, mikä oli todella hieno asia. Pelaamattomat ottelut jäivät rästiotteluiksi ja pelattaisiin myöhemmin pois alta. Tämä pelastus ei kuitenkaan vienyt pois sitä ongelmaa, että seurassamme on liian vähän aktiivisia pelinaisia. Muutama poissaolo vaikuttaa heti niin paljon, että vaarana on, että joukkuetta ei saadakaan kasaan. Nyt siis kaikki innokkaat naiset ottakaa rohkeasti yhteyttä. Siis meidän seuraan. Siis istumalentopalloasioissa. Minä olen varattu.

Jos naisten joukkuetta vaivaa hieman vähäinen pelaajamäärä, niin laatu on ainakin ollut kohdallaan. Siitä todisteena kautta aikain ensimmäinen voitto Helsingistä. Tämä tapahtui tiukan väännön jälkeen numeroin 3-2. Tämän voiton lisäksi VIY on jäänyt jalkoihin kahdesti ja ainoan tappion on aiheuttanut todella kivikova KSI. Tuloksellisesti kausi on siis lähtenyt hyvin käyntiin.

Vaikka VanLen naisten joukkueeseen vielä muutama pelaaja mahtuisikin, niin eräänä tammikuisena sunnuntaiaamuna nähtiin sellainen ihme, että VanLen miesten ja naisten yhteisissä ististreeneissä oli yhteensä peräti 12 pelaajaa. Se taitaa olla jonkinlainen ennätys. Mikäli meitä aina olisi näin paljon pelaamassa, niin ehkä Jari pääsisi harjoituksissa hiomaan kuusikkopeliä entistä enemmän ja voisimme jossain vaiheessa ruveta haastamaan liigaseurojakin. Olisihan se hienoa, jos VanLe vielä joskus pääsisi tässä lajissa aivan huipulle myös miesten puolella. Naisissahan taskussa on jo yksi SM-mitali.

Kyseisten harjoitusten jälkeen, kun passit olivat taas menneet vähän vaihtelevasti, ajattelin että on minulla sentään helpompaa kuin lentopalloilijoilla silloin, kun laji tuli Suomeen. Passihan tulee sanasta PASS, joka lausutaan päs tai pääs. Kun lentopallo tuli Suomeen, niin lajissa käytetyt englanninkieliset termit käännettiin suomeksi. Kun lajin maahantuojalta kysyttiin, että mikäs lyönti tuo oli, niin hän vastasi, että se on päs. Hän siis antoi pässin.

No suomalaisethan innostuivat lajia kokeilemaan, ja kun kaveri oli antanut hienon pässin, joukkuetoveri vieressä ihasteli kyseistä suoritusta:

"Voi vitsi mikä pässi."
Tähän pässin antanut pässäri vastasi:

"Älä mulle rupee!", johon pelikaveri:

"Mitä sinä nyt. Pässi, mikä pässi. Kyllä minä pässin tunnistan sen nähdessäni."

Useiden vastaavien keskustelujen jälkeen pässistä päätettiin tehdä jo ensimmäisen ottelun jälkeen passi ja lajia uskallettiin levittää koko maahan. Tämä tarina on tosi. Todisteet tosin puuttuvat, sillä kaikki tuon ensimmäisen ottelun pelaajat löytyivät ottelun jälkeen kuolleena täynnä pistohaavoja. Kyllä… Ottelu pelattiin Pohjanmaalla.

No nyt se lipsahti. Vitsi pohjalaisista. En varmaan sinne uskalla enää koskaan lähteä. Tsori hei Krista ja Marko.

Tuosta "tsori hei" lausahduksesta tuli mieleeni juttu, mikä tapahtui hurjassa nuoruudessani joskus vuosituhannen vaihteessa. Olin kaverin kanssa Turun Down By The Laituri tapahtumassa ja vietimme kaunista kesäpäivää pussikaljaa nauttien. Seisoimme sillalla ja juttelimme, kun yhtäkkiä joku puliukko tuli ja nappasi pullostani kiinni. Hetken aikaa hän sitä siinä nyki, kunnes päätin päästää irti, kun en halunnut joutua lähempään tekemiseen tämän miehen kanssa. Voimani kyllä olisivat riittäneet tämän väännön voittamiseksi. Olinhan jo jonkin aikaa opiskellut tietojenkäsittelyä. Kyseisen alan edustajathan ovat erityisen tunnettuja siitä, kuinka tärkeää heille on lihaskunnon kohottaminen. ATK-tukihenkilö, palomies ja poliisi. Siinä niitä ammatteja, joissa fyysinen kunto on tärkeässä asemassa.

No, olin siis päättänyt luopua tästä puolityhjästä kaljapullosta ilman sen suurempaa nahistelua, mutta kyllähän tuollainen harmittaa. Tai siis se olisi harmittanut, mutta tässä kävi niin, että kaljapullon vienyt pultsari kääntyi vielä minun suuntaani ja tokaisi "Tsori hei!". Siis siinä vasta oli gentlemanni. Tuollaista suoraan sydämestä tullutta huomaavaisuutta ei yleensä saa edes hotellissa, vaikka siitä maksetaan. Tämän kyseisen kaverin kasvatus oli siis ainakin jossain asiassa onnistunut. Eihän sitä liikaa voi vaatia keneltäkään.

Oikeastaan muuta minä en tiedä lentopallon tai istumalentopallon historiasta kuin tuon tositarinan, jonka itse keksin. Siispä kävin googlettamassa asian, ja minulle selvisi, että lentopallo on kehitetty tenniksestä ja koripallosta. Aika hauskaa, että näin hieno laji on pystytty kehittämään tenniksestä, joka on loistava laji, ja koripallosta, jossa ei taas ole mitään järkeä. Typerämpää lajia en tiedä kuin koripallo. No Suomestahan tuo laji varmaan kohta loppuu kokonaan, kun vuoron perään seurat menevät konkurssiin. Sieltä voi lentopallo sitten raakata pisimmät urheilulliset juniorit omaan tarkoitukseensa ja näin tehdä heille palveluksen, mitä he eivät vielä ehkä käsitä.

Sen verran hidasta tämä kirjoitustyö on, että muutama kappale sitten mainitsemani naisten voitto Helsingistä on jo ehtinyt uusiutua. Matkaan mahtui myös voitto VIY:stä ja tappio KSI:lle. KSI kyllä hallitsee naisten sarjaa, mutta näköjään meidän naisjoukkue on ottanut tiukan kiinnityksen SM-hopeaan. Eivät he tosin olisi ainoita, keneltä sellainen löytyisi, jos he niin pitkälle selviävät. Minulla nimittäin on SM-hopeaa junioreista ja lajina oli baseball. Tai no jos nyt ollaan ihan tarkkoja, niin minulla ei sitä mitalia ole, kun en koskaan sitä jaksanut hakea. Olisi ehkä pitänyt, kun nyt olen saanut huomata, että muissa lajeissa nuo SM-mitalit ovat jääneet aika kaukaisiksi haaveiksi.

Tässä on nyt vähitellen valmistauduttu kohti Vantaan ististurnausta. Tuo kyseinen turnaus ei ole ainoa tammikuussa pelattava suuri turnaus Vantaalla, sillä aina tammikuun ensimmäisenä viikonloppuna pelataan Baltic Sea-turnaus, jota VanLe isännöi. Siellä oli tälläkin kertaa vahva edustus meidän porukalta talkootöissä.

Itse halusin samalle hallille salivastaavaksi kuin missä olin edellisenäkin vuonna. Tällä kertaa homma meni mielenkiintoiseksi, sillä 12 joukkueesta 8 tuli Venäjältä. Kun me emme osanneet puhua venäjää, eivätkä he suomea, niin joku yhteinen kieli oli keksittävä. Englanti se ei ainakaan tulisi olemaan, koska näistä joukkueista ei hirveästi kyseisen kielen taitajia löytynyt. Ainoaksi vaihtoehdoksi jäi siis ruumiin kieli. Ehkä se kävi ihan hyvästä treenistä, kun joutui huitomaan kuin hullu, että asia meni perille. Yllättävän hyvin siinä onnistuttiinkin. Kaikki ottelut saatiin pelattua ja ilmeisesti seuran talous sai tästä kivan piristysruiskeen taas vuoteen 2009 lähdettäessä.

Vantaan turnaus

Meidän omaan alemman SM-sarjan turnaukseen lähdettäessä meillä oli positiivinen ongelma. Normaalisti on totuttu pelaamaan 6 tai 7 pelaajalla turnaukset läpi, mutta nyt meitä ilmoittautui 9 pelaajaa valmiina koitokseen. No totuttuun tapaan kaikki normaalista poikkeava aiheuttaa hirveän hässäkän ja niin tietenkin nytkin. Ajattelin pistää oman korteni kekoon hässäkän estämiseksi ja lähetin seuraavan viestin meidän joukkueelle:

Moi,

Lappeenrannassa meni vähän kohellukseksi aina se, että kuka pelaa ja kuka istuu vaihdossa ja silloin oli pelaajia 7 kpl. Nyt meitä on 9. Sen takia kannattaisi miettiä asioita vähän etukäteen, jotta Jarin turnaus ei menisi ihan poskelleen, kun se joutuisi siellä miettimään näitä asioita koutsin ominaisuudessa yksin.

Mulla on vähän sellainen tuntuma, että me pelattaisiin kaikki pelaa systeemillä. Tällä tasolla taitaa olla turhaa se, että yksi kuusikko pelaa kaikki matsit ja kolme taputtaa penkillä. Siinä käy nopeasti niin, että kohta siellä penkillä ei ole ketään ja sitten kun joku kuusikosta ei pääse paikalle, niin sitten on kasassa enää viisikko. Ja kaikki, jotka nuoruudessaan pakotettiin lukemaan Viisikko-kirjoja tietävät, että niissä vain syödään. Niissä ei pelata istumalentopalloa.

Minä näen tämän 9 pelaajan ringin myös mahdollisuutena. Jos vaikka on ratkaisupallot menossa ja minun vuoro olla passarina ja Jari istuu penkillä, niin ei kun vaihtoa kehiin ja Jari passariksi. Pallo voitetaan itselle, niin Jari voi jatkaa kokemuksellaan syöttäjänä. Tässä tilanteessa etukentällä oleva Esa vaihdetaan paljon lyhyempään Katiin no ihan vain sen takia, että Jarin syötöllä olisi edes jonkinmoiset saumat lentää vastustajan puolelle. Tällainen taktikointi siis voisi antaa meille hyvät saumat tässä turnauksessa. Myös liberon käyttö voisi olla aika hyvä idea. Sillä voidaan selvitä monesta tukalasta tilanteesta ennen kuin niihin edes joudutaan. Vai mitä sanoo meidän liikkuva takakenttä (Mika+Pertti) tähän?

Tässä mun ehdotus aloituskokoonpanoiksi joka erään. Täytyy muistaa, että jokainen erä on oikeastaan oma ottelunsa, koska erävoitosta tulee aina piste:

HIY 1.erä Jari, Esa, Pasi, Tarmo, Kati, Pertti....Saku ja Mika huilaa ja Timo haistelee alemman SM-sarjan tunnelmaa

HIY 2.erä Jari, Esa, Pasi, Tarmo, Saku, Mika....Kati ja Pertti huilaa ja Timo valmistautuu ensimmäiseen tulikasteeseensa

LAMK 1.erä Timo, Saku, Kati, Mika, Tarmo, Pertti....Esa ja Pasi huilaa, Jari on libero

LAMK 2.erä Timo, Esa, Kati, Pasi, Pertti, Mika....Saku ja Tarmo huilaa, Jari on libero

WELLUTTARET 1.erä Timo, Jari, Esa, Saku, Tarmo, Pasi...Mika ja Pertti huilaa, Kati on libero

WELLUTTARET 2.erä Pasi, Jari, Mika, Saku, Tarmo, Pertti...Esa ja Timo huilaa, Kati on libero

TEAM FINLAND 1.erä Esa, Jari, Kati, Pasi, Pertti, Timo...Tarmo, Saku ja Mika huilaa

TEAM FINLAND 2.erä Timo, Kati, Mika, Saku, Tarmo, Esa...Pertti, Jari ja Pasi huilaa

MUURLE 1.erä Timo, Pertti, Jari, Tarmo, Saku, Mika...Esa ja Pasi huilaa, Kati on libero

MUURLE 2.erä Saku, Mika, Jari, Pasi, Pertti, Esa ....Tarmo ja Timo huilaa, Kati on libero

Peliajat:
Jari 7/10 erää + 2 erää liberona

Esa 7/10 erää
Kati 5/10 erää + 4 erää liberona
Mika 7/10 erää
Pasi 7/10 erää
Pertti 7/10 erää
Tarmo 7/10 erää
Timo 6/10 erää
Saku 7/10 erää

Tässä on minun aika tasapuoliselta näyttävä ehdotukseni, mutta tuolloin tuota liberoa pitäisi oikeasti käyttää, muuten Kati jää vähän paitsioon. Tässä minun systeemissäni Timo valitettavasti jäisi yhtä erää muita vähemmälle, toivottavasti se ei haittaa. Pelitilanteen mukaan voisi vaihtoja tietenkin tehdä ottelujen sisällä. Voittamaanhan tuonne joka erää kuitenkin lähdetään. Viimeisen ottelun viimeisessä erässä voin esim. antaa paikkani Tarmolle, jos taistellaan turnausvoitosta ja Tarmo on ollut normaaliin tapaan hirmu liekeissä koko turnauksen ajan, ihan niin kuin se oli Mediuutisissa kertomassa kuntien talousnäkymistä.

Jos jollain on parempia ehdotuksia, niin pistäkää tulemaan ja jos tämä vaikuttaa edes vähän fiksulta miettiä tätä peluutusta etukäteen, niin osallistukaa keskusteluun. Jari voi tietenkin tyrmätä yksimielisesti tämän esityksen. Onhan hän sentään VanLen Hannu Jortikka =) No vitsi vitsi...

T:Saku

Viestini tietenkin herätti jonkinmoisen keskustelun ja osa oli jo valmis luopumaan pelipaikastaan muiden tähden. Hässäkkä, jonka yritin tällä viestillä välttää, syntyi tällä viestillä. No pääasia, että saa jotain aikaiseksi.

Kun olin oman viestini lähettänyt, alkoi tulla vastauksia. "En ehkä pääsekään tulemaan." Kun näitä vastauksia oli kertynyt jo jonkin verran, niin heräsi kysymys, että tuleekohan kukaan paikalle. Olin jo ehtinyt tehdä muutamat vaihtoehtoiset kokoonpanot kunnes tajusin, että eihän tästä mitään tule. Katsotaan sitten paikan päällä.

Perjantai-iltana kävin vielä pelaamassa Katin ja Mikan kanssa harrastelentopalloa samalla salilla, jolla turnaus seuraavana päivänä olisi ja silloin huomasimme, että yksi tolppa oli jotenkin rikki. Ehkä meillä ei tulisi olemaan joukkuetta, mutta ei se haittaisi, kun ei meillä olisi pelikenttiäkään. Parempi kai vain painua suoraan pehkuihin. Sittenpähän sen näkee, että kuinka pahassa pulassa olemme.

Ennen kuin siirryn kertomaan, mitä salilla tapahtui, pitää kertoa, mitä kulisseissa tapahtui ennen turnausta. Olin veikannut, että eiväthän MuurLe ja Welluttaret viitsi lähteä pelaamaan Vantaan turnaukseen. Olin tässä väärässä. Olin myös varma, että KSI 2 ja ESI CCCL tulisivat paikalle. Kuuluvathan he tämän sarjan pyörittäjiin yhdessä meidän ja Lahden kanssa. No kumpikaan näistä joukkueesta ei ilmoittautunut turnaukseen. Nyt siis näytti kovasti siltä, että Welluttaret ja MuurLe olisivat meidän pahimmat vastustajat, kun kilpaillaan alemman SM-sarjan voitosta eli pääsystä SM-pronssipeliin. Myös HIY oli ilmoittautunut meidän turnaukseen eli muutaman kovan poisjäännistä huolimatta tasoa tulisi riittämään.

No sitten koetti lauantai ja saavuimme salille. Mika oli ottanut työkaluja matkaan ja hän korjasi tolpan muutamassa sekunnissa. Minulta samaan hommaan olisi mennyt kolme vuotta ja 100e. Ensin hankkisin kolmen vuoden ammatillisen koulutuksen tolpankorjauksesta ja sitten kävisin kiropraktikolla, joka vääntäisi peukaloni pois keskeltä kämmeniä sinne, minne ne kuuluvat.

Vähitellen Varia alkoi täyttyä VanLelaisista ja sitten selvisi, että jopa 7 meistä oli täydessä iskussa. Minun kokoonpanoviritykseni joutivat romukoppaan ja kokoonpanoista huolehtisi Jari. Ihan niin kuin hänen valmentajana kuuluukin. Ehkä en ensi kerralla sotke näppejäni näihin juttuihin, kun näkemäni vaiva oli aivan turhaa. Pitänee keskittyä vain pelaamiseen. Siis mikäli Jari laskee minut kentälle. Jos minua ei valita kentälle, niin ehkä voisin aloittaa suunnistamisen. Sen verran hyvin menin metsään tämänkin asian kanssa, että ehkä se luonnistuisi myös tuossa lajissa.

Kentät saatiin kuntoon ajoissa, ja kun Leena VanLen naisten istisporukasta oli vielä lupautunut tulemaan pitämään buffettia, niin järjestelyt olivat hyvissä ajoin täysin kohdillaan. Järjestelyt olivat kohdillaan paria tuntia ennen VanLen pelin kohdilleen menemistä. Turnauksen alku oli nimittäin ihan katastrofaalinen. Se alkoi ottelulla HIY:tä vastaan, jossa kaaduttiin 2-0. Ei voida sanoa, että kaaduttiin saappaat jalassa. Ei kaaduttu edes lakerikengät jalassa Ahtisaaren tapaan. Kaatuessamme jalassa oli vain sukka ja sukassa oli kus... siis pissaa. Vaikka lukemat eivät olleet murskaavia (25–20, 25–17), niin ottelusta ei jäänyt mitään positiivista sanottavaa. Pitää varmaan ottaa tappio omaan piikkiini, kun menin sörkkimään noita kuvioita ennen turnausta. Taisi homma mennä siitä ihan sekaisin.

Tämän ottelun jälkeen meillä oli pieni tauko ennen seuraavaa peliä, missä pitäisi nostaa peli omalle tasolle ja kukistaa LAMK. Nyt oli siis 45 minuuttia aikaa ottaa itseämme ja toisiamme niskasta kiinni. Niin tai sitten voimme vaikka syödä vain eväitä. Minä söin eväitä. 2 ruispalaa, joiden välissä oli pari palaa juustoa ja kolme siivua kinkkua. Sen lisäksi leivillä oli myös margariinia. Siinä on Omega 3 rasvahappoja. Sanovat, että ne ovat terveellisiä. Jos voitamme Lahden, niin ehkä se pitääkin paikkansa.

Sillä aikaa, kun minä mässytin eväitä, LAMK oli kärsinyt tappion Welluttarille ja MuurLe oli voittanut Team Finlandin. Oli siis aika kohdata taas LAMK, joita vastaan pelatut ottelut olivat tähän mennessä päättyneet meille suopeisiin lukemiin. Onneksi niin kävi nytkin.

Ensimmäinen erä meille lukemin 25–11. Tuossa erässä sain tehtyä varmaankin toistakymmentä pistettä peräkkäin hyvin onnistuneiden syöttöjeni ansiosta. Ensimmäisessä pelissä nuo syötöt olivat menneet minne sattuu, joten kyllä tuo rentoutti kummasti omaa peliäni. Muillekin tuli onnistumisia, ja taas alkoi merkkejä näkyä vanhasta kunnon VanLesta. Vaikka toinen erä oli tiukempi ja päättyi lukemiin 25–18, niin nyt saattoi hengittää jo vapaammin. Peli alkoi löytyä ja Omega 3 rasvahapoista on nyt todistetusti hyötyä.

Peli siis alkoi löytyä, eikä yhtään liian myöhään. Seuraava vastustaja oli edellisen turnauksen voittanut Welluttaret, joten siitä ottelusta ei huonolla pelillä jäisi käteen kuin luu. Sillä luunpalalla pitäisi sitten yrittää korjailla ottelussa murtunutta selkärankaa, mikä ei kuulosta kovinkaan helpolta hommalta.

Welluttaria vastaan ottelu oli koko ajan täysin meidän hallussa. Mitään notkahduksia ei tullut ja voitimme ottelun yllättävänkin selvästi 25–18, 25–13. Tässä ottelussa VanLella oli pituusylivoima ja sitä pystyimme käyttämään hyväksi. Welluttaria vastaan peli oli oikein vapautunutta ja iloista, mikä tiesi hyvää turnauksen loppua ajatellen.

Pelasimme niin hyvin Welluttaria vastaan, että olisi voinut kuvitella meidän tyrmäävän seuraavan vastustajamme eli Team Finlandin. Aika lähellä tyrmäys olikin, mutta siinä ei olisi tyrmätyksi joutunut Team Finland, vaan Kati, joka löi pallon verkkoon niin, että se ponnahti suoraan siitä häntä kasvoihin. Onneksi tämä tapaus tuli ikuistettua videolle, ja siitä videosta olenkin kaapannut muutaman kuvan meidän kaikkien iloksi.

Ensin kuva ennen osumaa:

Ja välittömästi osuman jälkeen:

Tähän kuvasarjaan olisi voinut vielä liittää kuvan sympaattisista reaktioista, mitä me kanssapelaajat näytimme tapauksen jälkeen. Eikö niin, että sympatiaa osoitetaan hymyilemällä leveästi, kun pelikaverille käy noin. Ai että muuten, kun on kiva kuvankaappausohjelma, millä näitä tilannekuvia saa otettua suoraan videolta.

Ensimmäinen erä Team Finlandia vastaan meni suunnitelmien mukaan ja päättyi meille 25–16, mutta toinen erä oli erittäin takkuinen ja sen voitimme todella niukasti 25–23. Olisikohan tällä ollut mitään tekemistä sen kanssa, että minä istuin ensimmäisen erän vaihdossa. Toiseen tulin sitten koheltamaan.

Nämä kolme voittoa putkeen olivat nostaneet asemamme ihan hyväksi ennen viimeistä ottelua, jossa vastustajana olisi kivikova MuurLe. Ennen ottelua minua jännitti niin, että vatsassa kiersi oikein kunnolla. Pelin alettua se jännitys kuitenkin aina häipyy. Minun mielestäni on typerää, että sille, että vatsa on sekaisin, ei ole mitään sanaa meidän kielessämme. Senpä takia olenkin kyseiselle tapahtumalle keksinyt oman sanansa. Se on römpöttää. Ei sekaisin olevaa mahaa voi mitenkään verrata sekaisin olevaan huoneeseen. Sen takia voi pidellä mahaansa ja sanoa, että kylläpä römpöttää. Mitenköhän tämän sanan saisi viralliseksi sanaksi? Voi olla, että kaikki Römpötti sukunimen omaavat henkilöt eivät välttämättä pitäisi siitä, että heidän nimensä saisi jonkun tarkoituksen. Varsinkin, kun se tarkoitus on, mitä on.

Sitten mennään itse asiaan. Ottelu alkoi meidän kannalta paremmin kuin hyvin ja taisimme parhaimmillaan johtaa ottelua 3–10. Vähitellen Muuramen joukkue lähti kiriin ja päädyttiin tilanteeseen 24–24. Jari oli syöttämässä palloa, joka oli molemmille joukkueille ottelupallo. Paha syöttö siitä tulikin, eikä MuurLe saanut sitä kunnolla nostettua. Sitä palloa yritettiin vielä taistella ylös, mutta tässä tilanteessa MuurLen pelaaja oli verkossa ja ensimmäinen erävoitto MuurLesta oli tosiasia. MuurLehan oli voittanut meidät Kotkan turnauksen välierässä.

Erävoitto tuntui enemmän kuin hyvältä. Sillä varmistimme sen, että HIY vie turnauksen voiton, mikä varmisti sen, että me nousemme sarjan kärkeen kahden pisteen erolla. Muutenkin tuollaisen tiukan erän voittaminen aina tuntuu erittäin hyvältä, kuten kuvasta näkyy.

Toiseen erään MuurLea vastaan ei sitten enää paukkuja riittänytkään. Erä meni selvästi MuurLelle 25–12, joten selityksille ei paljon jäänyt sijaa. Erätappiosta ja turnauksessa kolmanneksi jäämisestä huolimatta sarjataulukko näyttää aika loistavalta ennen viimeistä turnausta Lahdessa:

Alempi SM-sarja

1 VanLe   14

----

2 MuurLe   12
3 Welluttaret   11
4 KSI 2   11

5 ESI CCCL   9
6 HIY HKI   9
7 Team Fin   6
8 LAMK   3
9 SKU-81   3

27. Kotkaturnaus

Mikä perinteisesti aloittaa istumalentopallossa turnauspäivän? No sehän on liian aikainen herätys. Tällä kertaa se tapahtui puoli kuuden maissa. Taas oli aika miettiä, että onko tässä mitään järkeä. Onhan niitä muitakin harrastusmahdollisuuksia. Kun liikkeelle lähdettiin, niin pakko se vain oli todeta, että eihän tämä nyt niin kauheata ollutkaan. Unihiekat pyyhin pois taukopaikan viinerillä. Noin niin kuin kuvainnollisesti. Iso viineri maksoi 2,80e, mutta myöhemmin huomasin, että minua oli laskutettu siitä vain 2,40e. Kun siis tämä ABC, jonka paikkakuntaa en tosin nyt muista, tekee inventaariota ja siellä havaitaan 0,40e vaje, niin ne rahat löytyvät minulta. Jos annatte tilinumeron, niin voin tehdä tilisiirron.

Kotkassa oltiin tauosta huolimatta hyvissä ajoin. VanLe olikin lämmittelemässä reilusti ennen muita joukkueita. Se valitettavasti jäikin ainoaksi asiaksi tässä turnauksessa, missä oltiin muita edellä. Tämä oli oikeastaan ensimmäinen turnaus, jonka voidaan sanoa kulkeneen mollivoittoisesti alusta loppuun. Suomen Cupissa emme pärjänneet, mutta siellä pelasimme oikeastaan tasaisen varmasti koko turnauksen ajan. Nyt esitys oli ajoittain katastrofaalisen heikkoa. Jos jumbofinaalista olisi tullut tappio, niin ensimmäistä kertaa olisi harmittanut lähteä turnaukseen. Onneksi niin ei sentään käynyt.

Ensimmäinen ottelu oli Suomen parasta joukkuetta KSI 1:stä vastaan. Ihan hyvin me taistelimme, mutta KSI vei voiton 2-0 ollen parempi kaikilla osa-alueilla. Ottelua kuvasi hyvin tilanne, jossa Tarmon piti etukentällä lyödä pallo hihalyönnillä vastustajan puolelle. Tämä yritys epäonnistui armottomasti, kun taivas pimeni todella pitkän KSI:läisen torjuessa Tarmon yrityksen laittamalla kädet räystääksi hänen yläpuolelleen. Hihalyönnin suorittamisen jälkeen pallo oli Tarmon sylissä ennen kuin hän ennätti kissaa sanoa.

Toisessa ottelussa vastaan istui JoLePa, joka tulee sille joukkueelle vastaan SM-pronssipelissä, joka alemman SM-sarjan voittaa. Tällä hetkellä tuo paikka on meidän hallussa ennen viimeistä turnausta, joten tässä ottelussa oli hyvä ottaa mittaa kyseisestä joukkueesta. Mikäli ottelu sujuisi meidän tahdissa, niin voitaisiin ruveta mittailemaan jo SM-pronssilippalakkeja varten päänympäryksiä.

Siis turha luulo. JoLePa oli täysin ylivoimainen ja me olimme surkeita. Selkeät 2-0 lukemat hyvin nopeaan tahtiin ja käteen ei jäänyt mitään. Ei edes känsiä. Nyt olisi kyllä aikamoinen ylilyönti ruveta puhumaan enää mistään mitaleista. Ei niistä kyllä kukaan ollut hiiskunut tähänkään mennessä, mutta jos hiiskuisi, niin vastaavaa ylilyöntiä ei olisi nähty sitten edellisviikon torstaina, kun Mika löi hohtominigolfissa pallon koko radan yli alueen päätyseinään noin puoli metriä peilistä oikealle. Samaa tasoa olisi mitaleista puhuminen tämän ottelun jälkeen. Täytyy kuitenkin muistaa, että kaikki ei ole niin mustavalkoista kuin miltä näyttää. Tosin tuo seuraavan sivun kuva on niin mustavalkoinen kuin miltä se näyttää, mutta muut asiat eivät ole.

JoLePa tappio oli pyyhittävä mielestä ennen HIY:n kohtaamista. Helsinkiläiset olivat voittaneet meidät viikko sitten ja nyt oli revanssin paikka. No sitä nyt ei sitten kuitenkaan tullut. Ainoaksi positiiviseksi asiaksi jäi Kaitsun pitkä syöttöputki toisen erän lopulla, mutta muuten oli todella synkkää. Onneksi me emme tee tätä hommaa ammatiksemme, sillä ottelun jälkeen olisi varmasti alkanut YT-neuvottelut. Ensimmäisessä erässä taisi Helsingille tulla noin kymmenen pisteen putki. Sellaista näkee harvoin meidän otteluissa. Ehkä jossain erässä KSI 2:sta vastaan niin kävi edellisellä kaudella, mutta tämän kauden esityksiin tällainen alisuorittaminen ei oikein sopinut. Minä odotin tältä turnaukselta vähän samanlaisia suorituksia kuin odotan Jarkko Niemiseltä. Yleensähän käy niin, että Jarkko pelaa ihan hyvin parempiaan vastaan, mutta häviää. Me emme todellakaan pelanneet hyvin. Pelattiin ehkä samalla tavalla kuin tuo Nieminen silloin, jos hän vaihtaisi mailan väärään käteen. Me pelasimme erittäin heikosti siis suomeksi sanottuna.

Kolmen ottelun jälkeen tilanne oli jo niin huono, että on taas aika puhua politiikkaa. Nyt kun taantuma on iskenyt talouteen, niin on se iskenyt myös meihin kansalaisiin. Meitä tuntuu kiinnostavan enemmän se, että ketkä kisaavat Tanssii Tähtien Kanssa –kisassa kuin se, että kuinka monta ihmistä on kuollut Gazan alueella tai kuinka monta ihmistä Metso lomauttaa ja mitä heille käy. Itsessäni taantumisen huomasin heti turnauksen jälkeen illalla kotona, kun Euroviisukarsintojen finaalissa ihastuin Tapani Kansan kappaleeseen. Minä kun olin luullut olevani edes jonkin sortin hevi-mies, mutta ehkä olenkin hovimies. Seppo Hovi-mies. Sentään en niin alas vajonnut, että olisin ryhtynyt äänestämään. Se tästä nyt olisi vielä puuttunut.

Kolme hävittyä ottelua peräkkäin on tappioputki. Neljännen perättäisen hävityn ottelun jälkeen olisi varmaan alkanut ryyppyputki, mutta onneksi sitä ei tarvinnut kokea. Jumbofinaalissa Tallinnan joukkue kaatui 2-0 sellaisella perusvarmalla suorituksella. Peli ei vieläkään ollut hyvää, mutta se oli tarpeeksi hyvää tarvittavien pisteiden ottamiseksi. Vähän niin kuin läskisoosi. Ei hyvää, mutta nälkä lähtee.

Nälkä kyllä lähtikin, mutta vasta kun saavuimme ABC Majakkaan, jota virheellisesti olen aikaisemmin Pyhtään ABC:ksi kutsunut. Siellä oli vuorossa jälleen kerran Bonuspannu, jota en tosin heti ruokalistalta löytänyt. Ehdin jo hieman huolestua, että onko listaa muutettu ja kyseinen ateria sieltä poistunut. Onneksi sain huokaista helpotuksesta.

Nyt menin jo hieman asioiden edelle. Ennen turnausraportin päätöstä pitää syväanalysoida turnauksen ottelut ja anti. "Kun vastustajat kovenee, niin lompakko kevenee." Siinä on sellainen motto, millä otteluita on kautta aikojen yritetty voittaa. Siis lahjomalla. Lahjominen tosin ei tässä lajissa tule kyseeseen, koska niin rehtiä porukkaa on koko sakki. Eikä sillä muutamalla kymmenellä eurolla, viidellä Puolan zlotylla, 199 Eestin kruunulla ja Slayerin sekä Fantomasin rumpalin Dave Lombardon nimikirjoituksella, mitkä minun lompakosta löytyy, pitkälle pötkittäisikään sillä saralla. Nuo kruunut on ollut lompakossa aika kauan, joten on hyvä, että Viron valuutta on sidottuna euroon. Minun käteisvarani kärsivät kurssimuutoksista ainoastaan noiden 5 zlotyn verran.

Ottelussa KSI 1:stä vastaan meillä oli ihan hyvä meininki päällä. Teimme sen, mitä ylivertaista vastustajaa vastaan pystyimme. JoLePaa ja HIY:tä vastaan alitimme riman, joka tosin oli asetettu aika korkealle. Rimaa laskettiin viimeiseen otteluun ja ylihän siitä mentiin, mutta rima jäi kyllä väpättämään. Jos ottelu olisi hävitty, niin sitten olisi väpättänyt alahuuli. Aika koville olisi ottanut se, jos olisi jääty ilman voittoa Kotkaturnauksessa. Aika kova pudotus tämä oli viime kauteen verrattuna kuitenkin. Silloinhan me voitimme kyseisen turnauksen B-sarjan. Sitä ei tänä vuonna järjestetty ollenkaan, joten emme sitä pyttyä päässeet puolustamaan. Ensi vuonna lähdetään toivottavasti parantamaan tätä 7. sijaa tai sitten taistelemaan tuosta B-sarjan voitosta.

Tuo turnaus oli sen verran heikko, että tästä on vain yksi suunta ja se on ylöspäin. Alemman SM-sarjan päätösturnauksessa VanLen on yksinkertaisesti oltava parempi. Silloin, kun menee huonosti, on aika ajatella positiivisesti. Aiheesta olen tehnyt laulunkin, jonka sanat menevät näin:

Huomenna Kaikki On Toisin

Minulla ei ole rahaa
Ei juuri laisinkaan
Minulla ei ole rahaa
Kuin tähän yhteen keppanaan

Huomenna kaikki on toisin
Huominen parempi on
Huomenna kaikki on toisin
Mul on viis rivii lottoa
Sekä jokeri mukana

Minulla ei ole naista
Eikä lapsiakaan
Oli mulla joskus vaimo
Joka on nyt Reiskan kaa

Huomenna kaikki on toisin
Huomenna yksin en oo
Huomenna kaikki on toisin
Olen naisten tansseissa
Jos saan rahaa sossusta

Autoni ajoin mä seinään
Pyöräkin varastettiin
Kengässäni on reikä
Josta vesi sisään pyrkii

Huomenna kaikki on toisin
Huominen parempi on
Huomenna kaikki on toisin
Menen Stadiin junalla
Jos vain pääsen pummilla

Minulla ei ole rahaa
Ei juuri laisinkaan
Minulla ei ole rahaa
Kuin tähän toiseen keppanaan

Huomenna kaikki on toisin
Huominen parempi on
Huomenna kaikki on toisin
Olen myötätuulessa
Mul on nuuska huulessa

Tämän laulun voi myös käydä kuuntelemassa osoitteessa:

http://www.mikseri.net/player/player.php?newsession=1&type=1&parameter=233997

Älkää säikähtäkö sitä kamalaa laulajaa. Se olen vain minä.

Kotkaturnauksessa pelasivat Saku, Mari, Kati, Tarmo, Jari, Esa ja Kaitsu

Lahden turnaus

Taas on Kotkaturnauksen ja viimeisen alemman SM-sarjan turnauksen välillä ehtinyt tapahtua paljon. Valitettavasti kävi niin, että VanLen naiset eivät aivan yltäneet SM-finaaleihin, vaan jäivät pronssipeliin huonomman eräsuhteen johdosta. Näin HIY meni viime hetkillä ohi ja viime vuoden finaali toistuu.

Lahden turnausta edelsi harvinaisen myöhäinen herätys, kun kello soi 6.20. Tällä kertaa Katin matkaan tarttui itseni lisäksi Tarmo ja Jari, kun muu porukka ahtautui Pasin autoon. Matkalla Jari pohti peluutusjärjestystä. Hän mietti, että uskaltaako minua ja Katia peluuttaa vierekkäin. Tuloksenahan voi olla aika pahastikin peliä sekoittava perheneuvottelu. Tähän Tarmo sitten huomautti, että tällaista ongelmaa ei pitäisi tulla, sillä ainahan me voimme ottaa ylimääräisen aikalisän. Säännöissä nimittäin sanotaan, että jos joku loukkaantuu, niin silloin tämä on mahdollista. Tällä ei varmaan tarkoiteta henkistä loukkaantumista, mutta tuskin sitä on säännöissä eroteltu. Tätä sääntöpykälää emme valitettavasti päässeet testaamaan missään vaiheessa, kun Jari ei halunnut ottaa mitään riskejä ja peluutti meitä kaukana toisistamme.

Matka Lahteen sujui rattoisasti kovasta väsymyksestä huolimatta. Perillä oltiin taas hyvissä ajoin ja lämmittelemään päästiin jälleen kerran ensimmäisenä joukkueena. Meille ei tosin taida enää lämmittely riittää, vaan jatkossa pitänee suorittaa jonkinnäköinen esilämmittelyvaihe. Kaitsu istuutui kylmälle salin lattialle lämmittelyä varten ja hänen kylkensä meni saman tien ihan jumiin. Tämän välttämiseksi siis tuo esilämmittelyvaihe olisi tarpeellinen.

Ensimmäinen ottelu LAMK:a vastaan sujui todella nihkeästi. Voitto irtosi kyllä, mutta ei kovinkaan vakuuttavasti. Lukemat olivat 2-0 (20–15, 20–14). Timo, joka on kahden kauden ajan harjoitellut ahkerasti joukkueessamme, pääsi ottelussa tekemään debyyttinsä ja olikin varsin vakuuttava etenkin verkolla. Meidän muiden taso olikin sitten vähän alavireinen.

Samaan aikaan meidän turnauksemme kanssa käytiin Salpausselän kisat. Tällä kertaa istumalentopallon alemman SM-sarjan turnaus jäi yleisömäärissä kyseiselle tapahtumalle hieman, joten siinä onkin järjestäjille miettimistä, miten hommat saadaan käännettyä toisin. Tosin tälläkin määrällä buffetin pullat ja munkit myytiin kahteen kertaan loppuun, joten ehkä taloudellinen tavoite täyttyi joka tapauksessa.

Toinen ottelu oli ennakkoveikkailuissa melkein kauden ratkaisevin ottelu ja se oli Welluttaria vastaan. Ensimmäinen erä oli ihan läpihuutojuttu. Se päättyi 20–8. Toinen erä näytti myös menevän meille, mutta vähän niukemmin. Taisimme johtaa 18–15, mutta sitten tapahtui notkahdus. Welluttaret nousi meidän virheiden takia ja lopulta oltiin tilanteessa 19–19 ja molemmilla oli eräpallo. Welluttaret eivät päässeet kunnon iskulyöntipaikkaan, vaan heittivät pallon sormilyönnillä kohti takanurkkaa ja sinnehän se upposi. Kirvelevä toisen erän tappio ja tasapeli koko ottelusta. Enpä muista, koska viimeksi olen ollut ottelun jälkeen niin huonolla tuulella kuin tuon ottelun jälkeen. Oli siis aika ajatella elämän tarkoitusta. No siihen ei kauaa mennyt. Kati kävi ostamassa minulle korvapuustin. Taas jaksaa paahtaa eteenpäin 300 kalorin voimalla.

Minulla siis taas riitti potkua ja vähitellen usko oman joukkueeni menestykseen palasi. Mikä on sinun tilanteesi? Vastaa seuraavaan kyselyyn ja saat tietää mielenkiintoisia asioita itsestäsi (1=täysin eri mieltä… 5=täysin samaa mieltä):

1. Sinusta on kivaa lukea tätä kirjaa 1 2 3 4 5

Mikäli vastasit 1, 2, 3 tai 4, niin kyseessä on väärä vastaus. Palaa kohtaan yksi. Mikäli olet palannut kohtaan yksi jo neljätoista kertaa, siirry nyt kohtaan kaksi. En usko, että onnistut vastaamaan tähän kysymykseen oikein.

2. Olet onnellinen 1 2 3 4 5

3. Vai niin, perustele vastauksesi 1 2 3 4 5

Vastauksessasi ei ollut mitään järkeä. Yritä uudestaan. Voit valita useampia vaihtoehtoja.

3. Vai niin, perustele vastauksesi 1 2 3 4 5

Tämä on jo mielenkiintoista. Mene kohtaan neljä.

4. Sinun on vaikea ilmaista tunteitasi 5

5. Olet mielestäsi henkisesti tasapainoinen 1

6. Sinusta tuntuu, että tämän kyselyn kysymykset ovat johdattelevia 1

Olet varsin mielenkiintoinen tapaus. Et osaa perustella järkevästi, miksi olet onnellinen tai onneton. Tunnustat myös, että sinun on vaikea ilmaista tunteitasi ja että olet henkisesti tasapainoton. Lopuksi vielä toteat, että tämä kysely ei millään muotoa ollut tarkoitushakuinen, joten tässä ei varmaan ole kuin yksi vaihtoehto. Ota kopio tästä testistä ja hakeudu lääkäriin. Kun hän lukee testituloksesi, hän on varmasti sitä mieltä, että olet hoidon tarpeessa ja toimii sen mukaisesti. Pikaista paranemista.

Samaan aikaan, kun koin henkisen paranemisen korvapuustin muodossa, Welluttaret yllättivät HIY:n 2-0. Tämä tarkoitti sitä, että alkulohkon viimeisessä ottelussa meidän pitäisi voittaa HIY:ltä ainakin toinen erä päästäksemme turnauksen välieriin. Me voitimme toisen erän, mutta sitä ennen voitimme ensimmäisenkin. Hieno 2-0 voitto oli joukkueemme ensimmäinen koskaan Helsingistä. Ensimmäinen erä meni meille selvästi, mutta toisessa erässä tilanne oli tasan 19–19 ja molemmilla oli eräpallo. Tällä kertaa meitä ei nujerrettu, vaan erä meille 20–19. Tällä tuloksella varmistui välieräpaikka, joka samalla varmisti meille paikan kolmen parhaan joukossa alemmassa SM-sarjassa. Tappiolla HIY:tä vastaan olisimme voineet pudota kokonaan mitaleilta ja se olisi ollut suuri pettymys, varsinkin kun turnaukseen lähdimme johtoasemasta.

Turnauksen välierästä tulisi meille koko sarjan loppuottelu, sillä voitolla siitä varmistaisimme mestaruuden ja paikan SM-pronssipeliin. Harvassa lajissa on mahdollista voittaa joku sarja ja tulla pronssille yhtä sarjaa ylempänä samana vuonna, mutta nyt meillä olisi siihen saumat. Mitään paineita ei oikeastaan enää ollut, sillä minimitavoite eli jonkinnäköinen pytty kotiin, oli jo saavutettu.

Kun kauden päätavoite, joka oli vähitellen kauden aikana muodostunut, oli saavutettu, oli kaikki muu bonusta. Kyllä minua ainakin motivoi bonuksena enemmän sarjan voitto kuin esimerkiksi hukkuminen keltaisiin ykkösbonus-palloihin. Ykkösbonuskortti minulta kyllä löytyy. Siinäkin on nimi väärin kirjoitettuna. Yhtään bonuspalloakaan en ole vielä saanut. Jos ne tarjoisivat mieluummin bonuspannuja ABC:ltä, niin siihen kampanjaan voisinkin lähteä mukaan.

Välierävastustaja MuurLea vastaan olimme pelanneet kahdesti aikaisemmin. Ensin Kotkan turnauksen välierässä hävisimme selkeästi 2-0 ja sitten kotiturnauksessa Vantaalla pelasimme 1-1 tasapelin. Nyt, kun sijoitusottelusta oli kyse, niin tasapeli ei ollut enää mahdollinen. Jompikumpi tulisi voittamaan ottelun.

Ottelu lähti tosi hyvin liikkeelle ja jo hyvin varhaisessa vaiheessa MuurLe oli pakotettu ottamaan aikalisä! Se auttoi jonkin verran, mutta missään vaiheessa he eivät saaneet kunnon kiriä päälle ja erävoitto meille luvuin 20–16 oli selviö. Myös toinen erä alkoi hyvin, mutta loppua kohden se tasoittui. Päädyttiin jälleen tilanteeseen 19–19, missä oltiin oltu jo kahdesti aikaisemmin turnauksen aikana. Kati syötti hyvin, mutta MuurLe onnistui hyvin toimittamaan pallon passarille, joka lähti etsimään passillaan tehokasta hyökkääjää. Kova iskulyönti sieltä tulikin, mutta Jari suoristi ruotonsa ja venytti kätensä lyönnin eteen. Upea torjunta päätti kannaltamme upean ottelun. Muuramelaiset lähtivät hammasta purren turnauksen pronssipeliin ja me riemuitsimme loppuottelupaikasta, sarjamme voitosta ja SM-pronssipeliin pääsystä.

Vaikka ilotulitus ja kuohuvat juomat saivat vielä odottaa, niin turnauksen loppuotteluun ei enää jäänyt paukkuja. Takki oli menestyksestä tyhjä, ja kun vastassa oli vielä kivikova KSI 2:n, niin turnauksen voitto lipsahti heille 2-0 (20–12, 20–14). Harvinaisen hyvä olo oli tappion jälkeen. Vielä enemmän hymyilytti, kun palkinnot jaettiin ja Jari pääsi pokkaamaan joukkueellemme alemman SM-sarjan tai ykkössarjan, miten kukakin sen haluaa nähdä, mestaruuspokaalin.

Vaikka Welluttaria vastaan pelatun tasapelin jälkeen tuntui siltä, että maailma romahtaa, niin silti turnauksesta jäi todella hyvä fiilis. Tietysti siitä jäi. Ei paremmin olisi voinut mennä. Hyvän urheilullisen menestyksen lisäksi Timo teki debyyttinsä VanLen paidassa ja näin jälleen saatiin yksi nimi lisää VanLen tasaiseen ja tasokkaaseen joukkueeseen.

Kotimatkalla ei soinut Elämää Juoksuhaudoissa, vaikka Jari sitä vähän ennen turnausta hieman pelkäsikin. Loistavasti sujunut turnaus ei tosin saanut aivan sellaista loppua, mitä turnaukset normaalisti. Ei pysähdytty ABC:lle syömään bonuspannua, vaan ajettiin suoraan takaisin Vantaalle. Uskon kuitenkin toipuvani tästä järkytyksestä ennen SM-pronssiottelua, joka pelataan kahdenviikon kuluttua Huitsinkorvessa JoLePaa vastaan. JoLePa lähtee otteluun selkeänä ennakkosuosikkina voitettuaan meidät niin Suomen Cupissa kuin Kotkaturnauksessakin. Meillä on silti yllätysmahdollisuudet ja niistä pidetään kynsin hampain kiinni.

Loistavasti Lahdessa pelasivat:

Jari, Tarmo, Saku, Kati, Timo, Pasi, Kai ja Esa

Mitä asioita voisi sitten tehdä ennen tuota huikeaa mahdollisuutta taistella SM-mitaleista? No ensin VanLen naisten joukkue voitti oman SM-pronssiottelunsa, joka varmasti lisäsi myös meidän miesten taistelutahtoa. Sitten Jari harjoitutti meitä torjumaan hyökkäyksiä, jotka lähtevät keskipassarin kautta. Ykkössarjassa / alemmassa SM-sarjassa normaalisti passit tulevat laidasta.

Pientä hienosäätöä on siis tehty ja joukkuehenkeä nostatettu, mutta silti yksi asia askarruttaa. Vaikka hyvä joukkuehenki on ollut yksi vahvuuksistamme, niin ehkä kaikki ei ole sitä, miltä ulospäin näyttää. Minua askarruttaa, mikä on tilanne Jarin ja Esan välillä. Aikaisemminhan kerroin, kuinka Esa torjui Jarin, siis oman joukkueen pelaajan, syötön Kotkaa vastaan pelatussa ottelussa. No nyt Lahden turnauksessa Esa talloi Jarin sormille kävellessään tämän ohi. Onko kyseessä sattuma? Olivatko nämä tapahtumat pelkästään vahinkoja? Mistä nämä tapaukset voivat johtua? Onko Jari kenties Esan kauan kadoksissa ollut isä, jolta poika hakee nyt huomiota? Vai olenko minä mahdollisesti katsonut nuoruudessani liikaa saippuaoopperoita? Näihin kysymyksiin tuskin koskaan tulemme saamaan vastauksia. Toivottavasti nämä asiat eivät kuitenkaan vaikuta tuon pronssiottelun tulokseen.

SM-pronssiottelu

Hävittiin 3-0 (25–13, 25–22, 25–17). Perskeles. Ei pää kestänyt, eivätkä taidot ihan riittäneet näin tiukassa paikassa. Toisessa erässä herättiin taisteluun, mutta hävittiin ratkaisevat pallot. Viimeinenkin erä meni tasaisissa lukemissa tilanteeseen 14–14 asti, mutta siihen hyydyttiin.

Tulosta on turha tämän enempää spekuloida. Lisää treeniä ja kovia matseja alle, niin käännetään voimasuhteet vielä toisinpäin jossain vaiheessa. Tässä vaiheessa mentiin pizzalle ja sitten kotiin, josta lähdin Eläkeläisten keikalle. Humppamadossa heiluminen sai helposti unohtamaan tämän pettymyksen. Seuraavan aamun treeneihin minusta tosin ei ollut lähtijäksi.

Uran jatkuminen

Nyt on siis toinen kausi istumalentopalloa takana. Toivon tosissani, että se ei jää viimeiseksi. Tässä on taas paljon opittu vuoden aikana ja odotan jo malttamattomana sitä, että pääsen seuraavan kauden aloittamaan Marjolassa istis beachin parissa.

Uskon kovasti siihen, että VanLen miesten joukkueella on pitkä ja antoisa tulevaisuus edessään. Meillä, kun on mahdollisuus aina lainata naisten joukkueesta kovatasoisia pelaajia, jos omat ukot loppuvat kesken. Naisten joukkueella on se ongelma, että tätä lainailua ei voi tehdä toisinpäin. Sen takia kyseisen joukkueen tulevaisuus on vaakalaudalla. Täytyy todella toivoa, että he löytävät muutaman innokkaan vahvistuksen, jotta he voivat seuraavallakin kaudella hyvillä mielin lähteä taistelemaan SM-mitaleista.

Kyllä tämä toiminta on alkanut mennä jo niin hienoksi, että luulisi meidänkin voivan houkutella lisää hyviä pelaajia joukkueeseemme. Syksyllä 2009 olisi tarkoitus lähteä leirille Pajulahteen ja mitähän muuta ammattimaista toimintaa on luvassa. Jaria on jopa houkuteltu valmennuskursseille. Jo on aikoihin eletty. Joukkueen täytyy olla huippuiskussa ennen kauden 2009–2010 alkua.

Meille miehille ensimmäinen kausi 2007–2008 oli positiivinen yllätys saavutusten valossa. Olimmehan 1-sarjassa hopealla ja voitimme Kotkaturnauksen B-sarjan. Mitään tällaista menestystä ei kyllä uskottu saavamme ennen kauden alkua. Kausi 2008–2009 alkoi kunnon selkäsaunalla Suomen Cupissa, mutta alemmassa SM-sarjassa pelit kulkivat ja palkintona oli sarjan voitto ja paikka SM-pronssiotteluun.

Tavoitteet tuleville kausille on siis pakko asettaa aika korkealle. Joka vuosi on vähintään taisteltava ykkössarjan voitosta. SM-sarjaan ei tosin ainakaan vielä kannata lähteä. Siellä pelaa kaksi niin kovaa seuraa, että heitä vastaan meillä ei ole tällä hetkellä toivoakaan pärjätä. Ei muuta kuin lisää treeniä, niin ehkä me joskus pääsemme edes lähelle heidän tasoaan, mutta eipä nyt kuitenkaan mennä liikaa asioiden edelle.

Mainitsin tuossa pronssipelin yhteydessä, että pää ei kestänyt. Siihenkin on loistava harjoitusmuoto. Se on Ski Jump International tietokonepeli, jonka shareware version löydät osoitteesta www.nomasi.com/sj3/. Tuo peli on niin hermoja raastava, mutta samalla loistava peli, että se pitäisi saada kaikkien harjoitusohjelmaan. Itse olen aika koukussa tuohon peliin ja olenkin hankkinut siitä rekisteröidyn version. Maksoi vain kympin. Paras käyttö kymmenelle eurolle mitä tiedän.

Faktoja istumalentopallosta

Tähän osioon olen kerännyt vähän tietoa tästä hienosta lajista kaikille niille, jotka eivät siitä välttämättä niin kauheasti tiedä. Tämän osion lukeminen soveltuu myös niille, jotka lajia harrastavat. Mikäli kaipaat vähän vakavamielisempää luettavaa, niin tämä osio on sinua varten. Tänne olen halunnut kerätä sitä oikeaa tietoa lajista ilman mitään konnankoukkuja. Jos huomaatte asiasisällössä jotain puutteita tai virheitä, niin niistä voitte lähettää sähköpostia osoitteeseen istisvalitukset@hotmail.com, jonka kävin juuri luomassa. Arvatkaa käynkö sitä koskaan lukemassa. Itse asiassa saatan jopa käydäkin.

Istumalentopallossa kaksi joukkuetta ottaa mittaa toisistaan. Kerralla kentällä on kuusi pelaajaa verkon kummallakin puolella. Kenttä on kooltaan 10x6 metriä ja keskiraja kulkee verkon kohdalla. Tämä verkko on miesten peleissä 115cm korkeudessa ja naisilla korkeutta on 105cm.

Lajin erityispiirre verrattuna pystylentopalloon on nimensä mukaisesti se, että sitä pelataan istuen. Mitä tahansa ruumiin-osaa saa käyttää pallon koskettamiseen, mutta lyöntitilanteessa pelaajan tulee olla kosketuksessa kenttään jollain olkapäiden ja pakaroiden välisellä ruumiinosalla. Torjuntatilanteessa pakarat eivät saa nousta ilmaan.

Vaikka laji on kehitetty erityisesti sellaisille pelaajille, jotka eivät pysty pelaamaan tavallista lentopalloa, niin se soveltuu erittäin mainiosti myös kaikille meille, jotka pelaamme (myös) pysty-lentopalloa. Kaudesta 2006–2007 lähtien on käytöstä poistettu luokittelu, joka on mahdollistanut sen, että vammattomat pe-laajatkin ovat voineet taistella SM-mitaleista.

Luokiteltujen pelaajien yleisimmät vammat ovat alaraajavam-moja, kuten amputaatio. Jalkaproteesin käyttö ei lajissa ole sallittua, mutta käsiproteeseja ja tukisidoksia saa käyttää, mikäli niistä ei aiheudu vaaraa muille pelaajille.

Lajina istumalentopallo on yli 50-vuotias ja se esiteltiin Alan-komaissa nykymuotoisena vuonna 1956. Kansainvälisiä kilpai-luja ryhdyttiin järjestämään vuonna 1967 ja paralympialaisiin laji pääsi miesten puolelle vuonna 1980 ja naisissa näistä mita-leista ruvettiin taistelemaan Ateenassa vuonna 2004.

Seuraavaksi tulee asiaa pelinkulusta. Miesten ykkössarjassa ja alemmassa SM-sarjassa on ollut käytössä aikataulujen määrää-mänä erilaisia pelisysteemejä, joissa erien määrät ja erävoittoon tarvittavien pisteiden määrät ovat vaihdelleet turnauskohtaises-ti. Normaali istumalentopallo-ottelu kuitenkin pelataan paras viidestä - menetelmällä, eli ottelun voittoon tarvitaan kolme erävoittoa. Erävoittoon puolestaan tarvitaan 25 pistettä ja vä-hintään 2 pisteen ero eli erä voi päättyä vaikka 29–31. Mikäli ottelu etenee viidenteen erään, niin se pelataan 15 pisteeseen. Jokaisesta pelatusta pallosta tulee yksi piste sen pallon voitta-neelle joukkueelle.

Jokainen pelattu pallo voidaan karkeasti jakaa seuraaviin suorituksiin ja suoritustyyleihin:

syöttö, vastaanotto, passi, iskulyönti, hihalyönti, sormilyönti, juju, torjunta ja puolustuspelaaminen. Kummallakin joukkueella on aina kolme kosketusta aikaa saada pallo vastustajan puolelle ja näistä suorituksista koostuu siis istumalentopallo. Näitä suorituksia käsittelen nyt hieman tarkemmin, mutta kuitenkin aika yleisellä tasolla, sillä sen tarkemmin en näistä asioista tiedäkään. Hienosäätöä eri suorituksista ainakin pystylentopallon puolelta voit lukea muista kirjoista, joita varmasti kirjastosta löytyy.

Syöttö

Jokainen piste alkaa syötöllä. Syöttövuoro on aina edellisen pisteen voittajalla, paitsi erien alussa, jolloin aloittaja on arvottu ja se vaihtuu joka erässä joukkueelta toiselle. Syötön tarkoituksena on joko tuoda joukkueelle suoraan piste tai sitten ainakin vaikeuttaa vastustajan hyökkäyspeliä.

Istumalentopallossa syötön saa torjua. Tämä lisää syöttämisen haastetta, sillä ei riitä, että pallon saa verkon yli, vaan syötön pitää myös ohittaa tai ylittää vastustajan torjunta. Yleisin tapa on syöttää yläkautta pallo mahdollisimman vaikeana vastustajan puolelle. Vaikeutta lisää tietysti syötön kovuus ja sen sijoittaminen mahdollisimman hankalaan paikkaan. Koska istumalentopallossa liikkuminen on haasteellista, on tärkeää, että syöttö menee ainakin hieman vastaanottajan ohi, jotta hän joutuu liikkumaan ja näin hänen vastaanottonsa vaikeutuu merkittävästi.

Vastaanotto

Vastaanoton tarkoituksena on saada vastustajan syöttö noste-
tuksi passarille niin, että hän pääsee tekemään oman suorituk-
sensa mahdollisimman hyvästä paikasta. Täydellinen nosto on
sellainen, joka tulee passarille niin, että hän voi halutessaan
lyödä pallon suoraan vastustajan kenttään, mikäli torjunta ei ole
häntä estämässä tai sitten hän voi antaa passin ilman, että jou-
tuu liikkumaan hakeakseen noston.

Vastaanotto tehdään useimmiten sormilyönnillä tai hihalyönnil-
lä. Pahan syötön voi joutua nostamaan yhdellä kädellä tai jos-
kus jopa jalalla. Näistä tyyleistä hieman lisää tuonnempana.

Passi

Kun takakenttäpelaaja on saanut pallon nostettua passarin
ulottuviin, on passarin tehtävä antaa hyökkääville pelaajille,
joita kutsun nyt vaikka hakkureiksi, sopiva syöttö, jota lento-
pallossa passiksi kutsutaan. Tämä suoritus on helpoin tehdä

sormilla, mutta epäonnistuneen noston takia passaamaan voi myös joutua hihalla.

Passeja on monenlaisia ja niitä en tässä rupea erittelemään, mutta kaikilla passeilla on yksi ja sama tarkoitus. Passin on tultava hakkurille sopivalle etäisyydelle verkosta, sopivan korkuisena ja mielellään sopivalla nopeudella niin, että torjunta ei ehtisi liikkua hyökkäystä torjumaan. Sopivan tilanteen tullen passari voi antaa passin myös takakenttäpelaajille, joka saa myös suorittaa iskulyönnin, mutta vain kahden metrin viivan takaa. Mikäli joukkue käyttää liberoa, niin hän ei saa missään tilanteessa lyödä iskulyöntiä. Kuvassa on sormilyönnillä tehty passi.

Iskulyönti ja juju eli hyökkäyslyönnit

Joukkueen hyökkäysvuoro alkaa syötön tai iskulyönnin nostolla, jatkuu passilla ja päättyy, jos kaikki menee niin kuin pitäisi, iskulyöntiin. Iskulyönti tapahtuu niin, että hyökkäävä pelaaja lyö palloa mahdollisimman korkealta, mahdollisimman tarkasti ja yleensä mahdollisimman kovaa. Tarkoituksena on saada pallo vastustajan lattiaan tai puolustavan pelaajan käsien kautta ulos kentältä. Tässä seuraavaksi kuvasarja, jossa lyön pallon torjunnan käsien kautta ulos kentältä ja näin joukkueeni saa pisteen.

Pallo tulee suoraan vastapallona minulle vastustajan puolelta ja alan varmistautua lyöntiin.

Yritän osua palloon käsi suorassa, jotta lyönti lähtisi mahdolli-simman korkealta.

Vastustaja saa kätensä väliin ja näin torjuu lyöntini.

Lyönti on varsin kova ja koska torjunta tapahtuu vain yhdellä kädellä, pallo menee torjunnasta yli rajojen ja näin piste meidän joukkueelle.

113

Ja tuuletukset päälle!

Iskulyönti teoriassa on aika helppo ymmärtää. Korkealta ja kovaa. Vaikeaksi iskulyönnin tekee se, että edessä on ensin verkko, sitten vastustajan torjuta, vastustajan muut pelaajat ja takaraja. Jos lyönti ei jää verkkoon, torjuntaan tai sitä ei takakentältä nosteta, niin se voi vielä mennä pitkäksi. Ei se siis ole läheskään niin helppoa kuin miltä se saattaa kuulostaa.

Mikäli huomaat, että vastassasi on liian kova torjunta tai huomaat jossain kentällä hyvin tilaa, voit kokeilla jujua. Siinä ei lyödäkään kovaa, vaan nostetaan rauhallinen sijoitus torjunnan käsien yli tai ohi tähän vapaana olevaan tilaan, mihin et usko puolustuksen ehtivän. Jujua tulee kuitenkin käyttää harkiten, sillä jos jujutat joka kerta, niin vastustaja oppii lukemaan peliäsi ja jujun paras ase eli yllätyksellisyys, katoaa.

Torjunta

Toisin kuin lentopallossa, niin istumalentopallossa myös syötön saa torjua. Siitä kuva seuraavana.

Torjunnan tarkoituksena on estää tai ainakin vaikeuttaa vastustajien syöttö ja hyökkäystyöskentelyä. Torjunta tapahtuu peittämällä lyöjän iskusuunnat käsillä. Tavoitteena tässä on saada pallo "kuolemaan" vastustajan kenttään. Mikäli tässä ei onnistuta, niin toissijainen tavoite on vaimentaa lyöntiä niin, että se on takakentän pelaajien helposti puolustettavissa.

Puolustaminen

Puolustamisen tarkoituksena on saada vastustajien hyökkäykset nostettua passarille niin, että sitä kautta voidaan rakentaa omaa hyökkäystä. Mikäli tämä ei ole mahdollista liian pahan hyökkäyksen takia, tavoitteena on nostaa pallo korkealle, jotta omat pelaajat ehtivät sen toimittaa vastustajan puolelle ja näin antaa mahdollisuuden uuteen puolustusyritykseen.

Vastustajien hyökkäysten puolustaminen tapahtuu mieluiten sormi – tai hihalyönnillä, mutta usein käy niin, että näiden lyöntien suorittaminen on mahdotonta. Tällöin puolustamisen voi suorittaa yhdellä kädellä, jalalla tai vaikka päällä. Kuvassa Jari venyttää yhdellä kädellä tavoitteenaan nostaa pallo passarille.

Ja seuraavassa kuvassa Pasi näyttää taitonsa pelastamalla tilanteen jalallaan.

Sormilyönti

Olen jo useasti aikaisemmin maininnut sormilyönnin, mutta nyt siitä hieman lisää. Sormilyönti on paras tapa antaa tarkka passi ja istumalentopallossa se on myös paras ja yleisin tapa syötön vastaanottoon. Sormilyönnistä hyvän tekee sen lyönnin tarkkuus ja varmuus. Sormilyönti on näissä molemmissa tekijöissä askeleen hihalyöntiä edellä.

Sormilyönti suoritetaan nimensä mukaan sormilla ja koska kuva kertoo enemmän kuin tuhat sanaa, niin seuraavalla sivulla on kuva siitä, kuinka sormilyönti tehdään. Lyönnissä Jarilla on kroppa kohti passaria, kenelle hän sormilyöntiä on antamassa. Osumakohta on suurin piirtein otsan kohdalla ja kädet saattavat lyönnin matkaan. Useiden muiden urheilusuoritusten tavoin, myös sormilyönnissä saatto on tärkeä lyönnin vaihe.

Hihalyönti

Hihalyönti on sormilyöntiä epävarmempi, joten sitä kannattaa käyttää vain silloin, kun sormilyönnin suorittaminen on mahdotonta tai vähintäänkin hankalaa. Jari toimii jälleen tässä roolimallina ja suorittaa oikeaoppisen hihalyönnin. Hihalyönti tapahtuu kädet suorina, molempien käsien koskettaessa palloon yhtä aikaa. Pallon osumakohta tulee olla jonkin verran sen kohdan yläpuolella, missä pitkähihaisen paidan hihan suut olisivat. Siitä lyönti on varmasti nimensä saanutkin.

Loppusanat

Tuossa edellisessä osiossa oli siis lajista tietoa pähkinänkuoressa. Jos olet aktiivinen ja innokas, niin lisää tietoa löytyy varmasti muualta. Paras tapa tutustua lajiin on kuitenkin lähteä itse kokeilemaan. Tule rohkeasti siis mukaan vaan. Seurojen yhteystietoja löytyy ainakin www.istumalentopallo.info sivuilta. Kannattaa myös tutustua Suomen Invalidien Urheiluliiton sivuihin osoitteessa www.siu.fi.

Tässä kirjassa seurattiin minun ja seurani kahta ensimmäistä vuotta istumalentopallon parissa. Nuo vuodet menivät nopeasti ja tulokset olivat reilusti odotettua parempia. Nyt on ehkä minunkin aika keskittyä pelkästään pelaamiseen, jos vaikka taso vielä nousisi. Nähdään siis pelikentillä!

Ei tainnut niitä KSI 2:sen pelaajan kadonneita kalsareita kos-
kaan löytyä? Voi voi.